बाजत अनहद ढोल

(उपन्यास)

बाजत अनहद ढोल

मधुकर सिंह

वाणी प्रकाशन

वाणी प्रकाशन

4695, 21-ए, दरियागंज, नयी दिल्ली 110 002

फ़ोन : +91 11 23273167 फ़ैक्स : +91 11 23275710

शाखाएँ

अशोक राजपथ, पटना 800 004, बिहार

कॉफ़ी हाउस कैम्पस, महात्मा गांधी मार्ग, इलाहाबाद 211 001, उत्तर प्रदेश

महात्मा गांधी अन्तरराष्ट्रीय हिन्दी विश्वविद्यालय, वर्धा 442 001, महाराष्ट्र

सुल्तानिया रोड, मोतिया पार्क, भोपाल 462 001, मध्य प्रदेश

www.vaniprakashan.in
marketing@vaniprakashan.in
sales@vaniprakashan.in

BAAJAT ANHAD DHOL
by Madhukar Singh

ISBN : 978-81-8143-278-0
Novel

प्रथम संस्करण 2005
आवृत्ति 2019

मूल्य : ₹ 295

सिटी प्रेस, दिल्ली-110 095 में मुद्रित

वाणी प्रकाशन का लोगो मक़बूल फ़िदा हुसेन की कूची से

ऊबड़-खाबड़ राजमहल की पहाड़ी, तलहटियों के बीच छोटे-छोटे गाँव बस गए हैं, वे भी पाँच-छः घरों—कहीं-कहीं तो दो ही तीन घर! बाँस की पटरियों, पत्तों और मिट्टी से लिपे-पुते सुंदर, चिकने और स्वच्छ प्रकृति संस्कारिक घर। मगर सभी अलग-अलग गाँव हैं—किसी-किसी के नाम, कोई-कोई बिल्कुल बेनाम। मुश्किल से इनके बसे दस साल भी गुज़रे होंगे। अगल-बगल बड़े भूखंडों के नीचे भी कुछ बड़े गाँव भी हैं, जहाँ जिजीविषा और मनुष्य् द्वारा शोषण बदस्तूर जारी है। जब आबादियाँ पसरती गयीं, तो बड़े-बड़े जंगली भूखंडों के इस पार तलहटियों में आदिवासी बसने की लालसा से हाथ-पाँव मारने लगे। जंगल के पेड़, झाड़-झंखाड़ काटकर खेती के लायक उन्होंने जमीन तराश ली। खेती-बारी शुरू कर दी। उन्हें क्या पता कि प्रकृति के ऊपर भी कोई राजा है, शासक है; जिसे प्रजा की जरूरत होती है। उन दिनों निलहे साहबों के अलावे भी सूदखोर-महाजनों को जंगल के भीतर तलहटियों के बीच पसरते मानुष जाति की गंध बहुत जल्द लग गयी।

इसके पूर्व का इतिहास बताता है कि मुगलों की शासन व्यवस्था धीरे-धीरे खिसकती हुई ईस्ट इंडिया कम्पनी के हाथों चली गयी थी। लगान वसूली का काम कंपनी ने अपने हाथों में ले लिया था। गरीब पहाड़िया विमुक्त और लुटेरे सरकार की ओर से घोषित थे। भूम और बागानपुर के बीच की जमीन अव्यवस्था की स्थिति में थी। ब्रिटिश-सरकार और उसकी प्रजा के विरोध में पहाड़ियों ने विद्रोह कर दिया था। भूम के लोगों पर क्रूर आक्रमण होता था और वे जंगली जानवरों की तरह जला दिए जाते थे। कंपनी सिर्फ इतना जानती थी कि शांति व्यवस्था उसका काम नहीं है, उसका काम सिर्फ बासगीतों से लगान-मालगुजारी वसूलना है।

वारेन हेस्टिंग्ज जब गवर्नर होकर आया तो उसका ध्यान पहाड़िया-विद्रोह की ओर गया। जेरनल बाकर उसका सलाहकार था। बाकर ने पहाड़ियों को कुचलने के लिए एक विशेष सैनिक दल तैयार करने की सलाह दी। उसके नेतृत्व में आठ सौ लड़ाकू सैनिक तैयार किए गए। जंगल तराई का क्षेत्र बहुत बड़ा था। कर्नल रेनाल्ड ने जंगल तराई का

एक मानचित्र तैयार किया। उस मानचित्र से मालूम हुआ कि संताल परगना का उत्तरी और मुंगेर-भागलपुर का दक्षिणी हिस्सा जंगल तराई में शामिल है। जेनरल क्रूक ने पहले आदेश निकाला कि विद्रोही आत्म-समर्पण कर दें। अधिकांश जमींदार उसके साथ आ गए थे। इसके बाद तो उसने ऐसा दमन चक्र चलाया कि विद्रोही पहाड़िया इधर-उधर बिखरने लगे। उनकी संगठित शक्ति टूटने लगी। पहाड़ियों के तिऊर किले पर अँग्रेजों का कब्जा हो गया। किले को कब्जे में करने के बाद क्रूक ने तोप से उड़ा दिया। अनेक पहाड़िया मारे गए। गोली और तोपों की मार कहाँ तक बर्दाश्त करते पहाड़िया। यत्र-तत्र बिखर तो गए, मगर उनका विद्रोही मिजाज कहीं भी शांत नहीं रहा। क्रूक की दमन-नीति में थोड़ा परिवर्तन आया। पहाड़ियों की गिरफ्तारियाँ शुरू हुईं। हजारों की संख्या में गिरफ्तार कर लिए गए। इसके बाद जेनरल ने प्रेम का नाटक शुरू कर दिया। भोले पहाड़िया अँग्रेज और उनके धूर्त अधिकारियों के झाँसे में आते चले गए। फिर से पहाड़ियों ने दो साल के अंदर ही लगभग दो सौ तिरासी गाँव बसा लिए। बासगीत अधिकार पाने के बावजूद ये शांत नहीं रहे। भीतरी दमन-शोषण का सिलसिला फिर से शुरू हो गया। भूख, गरीबी, अभाव, जहालत और अस्मिता की चिंता में बेदम होते चले गए। मगर इतना सच जरूर है कि संताल जन-जातियाँ स्वभावतः विद्रोही होती हैं। वे सबकुछ बर्दाश्त कर सकती हैं। बहू-बेटियों की अस्मिता का मर्दन ये कतई बर्दाश्त नहीं कर सकतीं।

इस पृथ्वी पर हर मनुष्य की यह नियति है कि उसका कोई न कोई ईश्वर है। मगर इस जन-जाति का न कोई धर्म-ग्रंथ है, नहीं ये मंदिर बनाकर मूर्ति पूजा करते हैं। पहाड़, नदी, तालाब, गुफा ही इनका ईश्वर, देवता और श्रद्धा है। संतालों के भीतर यह आशंका बराबर रहती है कि ये सर्वत्र विराजमान हैं। उनकी दृष्टि में भला भी शक्तिमान है, बुरा भी शक्तिमान है। यही कारण है कि ये दोनों शक्तियों से आतंत्रिक रहते हैं। वे समझते हैं कि शक्तिमान बुरों की पूजा-अर्चना से ही शामिल किया जा सकता है। संभवतः यही सब कारण रहा हो कि वे भूत, प्रेत, डायन जैसे कई तरह के अंधविश्वासों से मुक्त नहीं हो पाते हैं। बोंगा उनका भूत देवता होता है। बोंगा बराबर भूखा, असंतुष्ट और क्रोधी होता है; जो इन्हें दंडित करने की कोशिश करता है और पूरा चावल, मुर्गियाँ और हँड़िया लेने के बाद ही तुष्ट होता है। इनकी मान्यता है कि मरने के बाद कोई भी पूर्वजों की श्रेणी में आकर बोंगा हो जाता है। प्रत्येक का बोंगा अलग-अलग भी हो सकता है। उसकी पूजा-अर्चना करना, बलिदान देना और भोजन कराना, संताली की नियति बन जाती है। फिर भी मरांग बरु इनका ईश्वर है। मरांग बरु का मतलब होता है बड़ा पहाड़।

प्रकृति रूठती है तो उनका मरांग बरु भी नाराज हो जाता है। दो साल बाद फिर जंगल के माथे पर सूखी हवाएँ। बरखा का कोई आसार नहीं। आसपास मारक (मोर) ने नाचने के पंख सिकोड़े। बिनी में कोई जान नहीं। घोंसलों के अंदर चेंड़े का कोई

अता-पता नहीं। आखिर, अपनी तलहटी के गाछ-वृक्ष त्याग कर कहाँ जा सकते हैं। गुहार मरांग बरु। पानी दो, पानी दो। आकाश और कुआँ को जल से लबालब कर दो।....

अब तो सखुआ के फूल भी नहीं खिले हैं। वाहा त्यौहार कैसे मनेगा इस साल! शायद, इनके फूलों को मालूम था कि इस साल बरखा नहीं होगी। बरखा नहीं होगी तो खेती नहीं होगी अकाल पड़ेगा। मरांग बरु सखुए के पेड़ पर कैसे चढ़ेंगे? फूल नहीं गिरेंगे तो जोहेरा, एरा फूल चुन-चुनकर टोकरी में कहाँ से रखेंगी? बोंगा का जोहेरास्थान पर चटाई कौन डँसाएगा? हे मरांग बरु!

भोगनाडीह गाँव की जोबा उदास सखुए के नीचे खड़ी है। वेणी में फूल गूँथना भी भूल गयी है आज। हिरनी तलहटी, खेत-बाग में उसके लिए भटकती-ढूँढ़ती एक छलाँग में ही पहुँच जाती है उसके पास। टीले पर बैठी जोबा की गोद में अपना मुँह रख लेती है।

"काहे जोबा, काहे कुछ बोल नहीं रही तुम?" जैसे हिरनी की आँखें पूछ रही हों उससे।

"का बोलूँ सखी!"

"समझ गयी, सुकेल के लिए न?"

जोबा मुस्कुराती उसे सहलाने लगती है। होठों के भीतर से फुसफुसाती है–"सुकेल तो तीन दिन से अपने गाँव में कुआँ खोद रहा है। पानी मिलते ही मेरे पास आएगा।"

"एक कोस पीछे भाग गयी है नदी भी। गाओ, शायद तुम्हें सुनकर सखुआ खिले।"

जोबा हिरनी को निहार-निहारकर गाने लगती है–

"सोनेरो रूप रूपेरो रूप
सोनेरो रूप लेका गातेय मेनाय....."

मतलब कि सोने और रुपए से अधिक रूपवान मेरा प्रियतम है। सोने की अँगूठी से मेरे प्रियतम की याद मेरे दिल में टीस पहुँचाती है।

हिरनी उसकी जाँघ को कुरेदती है, जैसे कह रही हो, उठ, चल ना कहीं। मेरा हिरना भी चरते-चरते पता नहीं, कहाँ भटक गया है। क्या करोगी जोबा रे! यही तो हमारी नियति है, एक साल बीच डालकर सूखा। जब से पैदा हुई तब से यही देख रही हूँ। आ, चल। हिरना और तुम्हारा सुकेल कहीं तो मिलेंगे? इसी तरह सूखे का साल निकल जाएगा।

"चुप कर?" जोबा झुँझलाती है, "मेरा सुकेल तो कुआँ खोद रहा है अपने खेत में पानी के लिए और तुम्हारे पीने के लिए। पानी के लिए तुम्हें कुलाँचें नहीं मारनी पड़ेंगी अब से।"

हिरनी और जोबा दिन-दिन भर विचरती हैं। सारा दिन हवा तलहटी को गरमाए

रहती है। कभी-कभी जोबा जोर से चिल्लाती है–'सुकेल...रे ऽ ऽ ऽ रे!'

आवाज पहाड़ से टकराकर लौट आती है।

जोबा किससे कहे मन की बेचैनी। न कोई हायपुरी या सखी-सलेहर, न कई दिनों से सुकेल से मुलाकात। अनबोलता हिरनी की भाषा में पहाड़ जैसा उजास लग रहा दिन। मांदर के बिना तो गाँव-घर भी ऊसठ लगता है। कोड़ा-कोड़ी के झुंड का कहीं अता-पता नहीं। दक्का आयो (दादी) की बोली भी माहुर लगने लगी है।

प्रकृति और संतालों के बीच भेद बड़ा मुश्किल होता है। गीत-मांदर और पर्व-त्यौहार तो इनके स्वभाव में होता है। कोड़ी जोबा की उदासी का सबसे बड़ा कारण तो यही है। क्या सवाल करे अनबोलता हिरनी से वह। भीतर को भले समझ लेती है हिरनी, जोबा की बेचैनी को कहाँ से हरेगी।

''जोबा रे...ऽ ...ऽ...ऽ...!'' पत्थर के बड़े ढोके के पीछे से बब्बा की आवाज। सूरज जैसा भभक उठता है।

पहले तो वह डरती-सहमती है। फिर वह हहास की तरह वहाँ उड़ती है। दक्का आयो तीन दिनों से गुम-सुम थी। उसी को पहला ग्रास तो नहीं बनाया इस साल के सूखे ने?

''दक्का आयो ठीक तो है न, बब्बा?''

''वह तो जैसी थी, वैसी है रे! मगर रात बोंगा गाँव के सपने में आया था।''

''बोंगा!'' डरकर काँप जाती है। ''फिर....''

''गोड़ायित घर-घर बोल गया है कि सोहराई पर्व इस साल भी मनेगा। पुरोहित का ऐसा ही हुकुम है, नहीं तो दंडित करेगा बोंगा।''

कोड़ी जोबा क्रोध में लहरती है, ''इस साल तो मुआर हो गया है। सोहराई तो हम तभी मनाते हैं, जब नए धान की खुशी में देवी-देवताओं, पुरखे-पितरों और गोधन का पूजा-अर्चन और सगे-संबंधियों का मान-सम्मान करते हैं। अकाल वर्ष सोहराई या बंधा पर्व कहाँ मनता है। इस साल हमारे पास खाने को धान नहीं, तो लोगों को कहाँ से भोज कराएँगे?''

बब्बा का मिजाज कुछ नरम होता है, ''फिर भी पुरोहित का हुकुम है बिटिया! उसने किसी अँग्रेज साहिब को न्योता दे दिया है। पहली बार सोहराई के लिए आएगा।''

जोबा को लगता है वह अँग्रेज साहब भी कोई बोंगा होगा। डरकर कुछ बोल नहीं पायी। बात पलटकर पूछने लगी, ''पूजा दीर्घा कहाँ बनेगी, बब्बा?''

''पुरोहित बोल रहा था अपने घर में।''

कोड़ी थोड़ी देर के लिए अकबकाई, ''सुबह घर को गोबर से लीपना होगा।''

बब्बा ने लम्बी साँसें लीं, ''बलि के लिए पुरोहित के घर तीन उजली और एक भूरे रंग वाली मुर्गी मुझी को पहुँचाना है।''

''गोड़ायित कौन-सा काम करेगा तब।''

"उसके जिम्मे तो बहुत सारा काम है।"

"क्या-क्या?"

"घर-घर से मुर्गी, चावल, नमक, मसाला सवेरे वसूलेगा। चपाती के लिए पुरोहित की औरत आकर चावल पीसेगी, चपाती बनाएगी।"

जोबा अचरज से पूछती है, "यह पूजा तो किसी पवित्र गुफा, नदी, पोखर के तट पर होती है—हमारे घर क्यों?"

"अँग्रेज साहेब की यही इच्छा है।"

उस साहेब को कोई बोंगा समझ जबान नहीं हिलती है। हिली तो सोहराई पूजा के पहले ही पूरे परिवार को दंडित कर देगा।

दूसरे दिन निलहे साहब पोटन की उपस्थिति काले पहाड़ के बीच भूरे दाग की तरह लगी रही थी उस भोगवाडीह गाँव में और पुरोहित और उसकी स्त्री का खासमखास लग रहा था। दम्पत्ति उसी की खुशामद में ज्यादा थे। आदिवासियों के गीत-नृत्य, मांदर-ताल से नासमझी के बावजूद पोटन साहब ऐसा आभास दे रहा था, जैसे युवा-युवतियों के नृत्य वह उनसे भी ज्यादा समझ रहा हो। उसकी आँखें युवतियों पर ज्यादा टिकी थीं। पुरोहित की स्त्री उसे खींचकर पूजा-स्थल के करीब ले आयी, जहाँ जोबा पूजा सामग्रियाँ जुटाने में विशेष संलग्न थी और पुराहित की क्वाँरी बहन के इशारे पर नाच रही थी। वेदी उत्तर से दक्षिण की ओर तैयार किया गया था। चावल में सिंदूर लगाकर चारों तरफ छींट दिया गया था। पक्षी चावल चुग रहे थे। पक्षियों पर जल छिड़कने के बाद उनके भाल पर सिंदूर चढ़ा दिया गया। उन्हें बलि देने के बाद पुरोहित उनके माथे का मांस नोच-नोच कर खाने लगा था। बाकी हिस्से पुराहित ग्रामीणों में बाँट देता है।

उस बलि-भोज के बाद पोटन साहब भी उनके नाच-गान में शरीक हो गया था और अवसर पाकर उन्हें समझाता रहता था कि नील का क्या उपयोग है एवं नील की खेती कपास, धान, झींगी, बैंगन से क्यों जरूरी है। वे इसकी खेती से मालोमाल कैसे हो जाएँगे। दूसरे गाँव का सुकेल भी जोबा के निमंत्रण पर आ गया था। वह जोबा का प्रेमी था। सुकेल की जंगली भैंसों-सी बलिष्ठ भुजाएँ और सुडौल शरीर पोटन साहब को अलग से खींच रहा था। पोटन उसे भरोसे का आदमी बनाना चाहता था। पोटन सोच रहा था, अगर इसे किसी तरह अपने वश में कर लिया जाय, तो नील के विस्तार में भारी सहायक बन सकता है।

राजमहल के इर्द-गिर्द अँग्रेज निलहों ने बड़ी-बड़ी कोठियाँ खड़ी कर ली थीं। पोटन बड़ा चतुर अँग्रेज था। लगभग एक शताब्दी पूर्व की 'इस्तमारी बंदोबस्ती' उसके दिमाग में रू-ब-रू थी। उसे मालूम था कि हिंदुस्तानी जमींदार कैसे उनकी जमीनों के मालिक बनते चले गए। इनकी क्रूरताओं से बचने के लिए अमन और शांतिप्रिय सरल मन संताल जंगलों की ओर भागते और समतल जमीन पाकर जंगल साफ करते—खेती

करते। लुटेरे यहाँ इनका पीछा करने से बाज नहीं आते। जमींदार सरकारी कागजात लेकर पहुँच जाता और लगान-मालगुजारी के लिए बाध्य कर देता। जमींदार और ज्यादा सही कहा जाय तो गुमास्ते, प्यून, महाजन, कर्मचारी, पुलिस, तहसीलदार, अदालत-कचहरी के नौकरशाह-कर्मचारी मिलकर एक साथ संतालों का भयंकर शोषण करते, जबरन संपत्ति हड़पकर अपमानित करते। दमन, मारपीट और उत्पीड़न का जाल पसरा हुआ था। कर्ज का सूद पचास से पाँच सौ प्रतिशत तक वसूला जाता। हटिया-बाजार में उन्हें ठगने के लिए नकली बाट और तराजू का इस्तेमाल किया जाता। जमींदार-महाजन तो अपने घोड़े, गधे, हाथी जबर्दस्ती उनके खेतों में घुसा देते। गैरकानूनी और अपराधपूर्ण कार्यों के लिए उन्हें लगातार प्रेरित किया जाता। उल्टे शांति बनाए रखने के नाम पर इनसे 'मुचलका' लिखा लिया जाता। कर्ज की शर्त के रूप में गुलामी और बेगारी आम बात हो गयी थी। इस साल भी सुकेल के साथ यही बात हुई। अकाल या सूखा के समय कर्ज लेने का आम रिवाज था। कुआँ खोदने के लिए उसके बब्बा ने एक महाजन से कर्ज ले लिया। उसे ध्यान आता है, दो साल पहले इसी तरह का सूखा पड़ा था। बुधुआ की माँ मरी तो दाह-संस्कार के लिए हिंदू महाजन ने कर्ज दिया तो शर्त रख दी—अपनी सारी जमीन एवज में 'रेहन' रख दो। जमीन तुम्हीं जोतोगे-बोओगे, मगर उसके एक चौथाई अनाज के बदले तुम्हारी औरत मेरे घर में 'बन्हकी' रहेगी।

बुधुआ को बोंगा और पुरोहित का खौफ था, उसने शर्त स्वीकार कर ली। पोटन साहब ने उसे इशारे से बुलाया तो उसके करीब आ गया सुकेल।

"अगर तुम मेरे साथ रहो तो तुम्हें काम भी मिलेगा और कुआँ वाले कर्ज से छुटकारा भी।" पोटन साहब की बातें उसे समझ नहीं आयीं।

"बब्बा ने बहुत बड़ी गलती कर दी है कर्ज लेकर।" उसने कहा, "कुआँ से पानी भी नहीं निकला।"

"तुम्हारे देश में पहली बार रेलवे लाइन बिछायी जा रही है। तुम्हें नौकरी दिला दूँगा।"

सुकेल खुश हो गया था। लेकिन चेहरा फिर उतर गया। बोला, "रेलवे लाइन में तो बड़ा अत्याचार है गोरे साहबों का। जबरन हमसे बकरा-बकरी, मुर्गी छीन लेते हैं और प्रतिवाद करने पर जबरन जुल्म ढाते हैं। संताली औरतें अत्याचार की शिकार हैं। पिछले दिनों गोरे साहबों ने दो संताल औरतों के साथ जानवरी सलूक किए और एक संताल की हत्या भी कर दी।"

पोटन साहब बौखला गया। हँड़िया उस पर असर करता जा रहा था। वह लड़खड़ाते हुए जोबा की ओर बढ़ने लगा। सुकेल ने उसकी बाँह पकड़कर खींच दिया। तो वह लड़खड़ाकर गिर पड़ा और सुकेल को अँग्रेजी में भद्दी-भद्दी गालियाँ देने लगा।

पुरोहित के इशारे पर नाच-गान थम गया, जैसे पूरे सोहराई पर्व को साँप सूघ गया हो। पुरोहित चिल्लाया, "तुमने मरांग बरु को नाराज किया है। चौबीस घंटे के अंदर

हमारे पूर्वजों के श्राप से मरोगे?"

वह पुरोहित के पाँवों पर लोटने लगा। "क्षमा करो हे धरम गुरु, क्षमा करो!...."

"तुम्हारे लड़के ने हमारे खास मेहमान का अपमान किया है। उनसे अपने बेटे को माफी माँगने के लिए कहो?"

सुकेल बेहद गुस्सैल और प्रतिवादी लड़का है, यह पुरोहित तक को जानकारी है। बब्बा ने गुस्से में सुकेल को दो-चार चपत जड़ दिए। सुकेल गुस्से को पीता चला गया। सुकेल ने एक युवक के हाथों से मांदर ले लिया और बदहवास ताल दे-देकर नाचने लगा। वह गुस्से में चीख रहा था, "सुनो रे साथियो! यह गोरा तेरा मेहमान नहीं है, दुश्मन है—दुश्मन? मरांग बरु ने मुझे संदेश दिया है—उठा लो तीर-धनुष। छलनी कर दो इस शैतान को?...."

ग्रामीण सुकेल के नेतृत्व में कुलीमूचे जाने लगते हैं। कुलीमूचे गाँव से बाहर मवेशियों का चरागाह है, जहाँ चौखूँटे वृत्त बनाए जा रहे हैं! अरवा चावल और मुर्गी का अंडा वृत्त के भीतर रखा हुआ है। चरवाहे गायें हाँककर लाते हैं। उनकी लकुटिया पूजी जा रही हैं। गायें, अंडे को खुर से फोड़ती हैं। उसे माला पहनाकर सींग और माथे पर सिंदूर लगाया जाता है। उस गाय का चरवाहा भाग्यशाली होता है। ग्रामीण उसे कंधे पर उठाते हैं।

सभी कुलीमूचे से पुरोहित के घर लौट रहे हैं। वे मिल-जुलकर हँड़िया पीते हैं। पोटन हँड़िया में ऊब-चूभ रहा है। सभी अपने सगे-संबंधियों के घर जाने लगते हैं और पोटन पुरोहित के घर में ही रुक जाता है। क्वाँरे और क्वाँरियाँ जोगमाझी के घर पर पर्व अवधि में नैतिक मुक्ति पाकर आलिंगन-नृत्य में मशगूल हो जाते हैं।

सुकेल की प्रतीक्षा में खड़ी जोबा को लपककर पोटन साहब गट्टा पकड़ लेता है। जोबा उसकी मुट्ठी में मुर्गी की तरह फड़फड़ाती है। पुरोहित अवश चुपचाप खड़ा देखता रहता है।

सुकेल युवकों को ललकारता है। सभी मांदर फेंक-फेंककर अपने-अपने घरों से तीर-धनुष लाते हैं। पोटन की हत्या के बाद युवक फिर होश में आते हैं और सोहराई के रस्म-रिवाजों में मशगूल हो जाते हैं।

पोटन की हत्या की खबर चारों तरफ बिजली की तरह फैलती है। गाँव-जवार की पहली घटना थी, वह भी सोहराई पर्व पर।

एक कोई संताल औरत गले में भारी भरकम ढोल लटकाए आगे-आगे, एक संताल पीछे से लगातार उसे पीटता जा रहा था। इनके पीछे तीर-धनुष ताने आदिवासियों का बड़ा हुजूम आक्रोशित चलता जा रहा था। उस हुजूम के बीच से तीर भी मारे जा रहे थे।

अचानक गोरे सिपाहियों का जत्था चारों तरफ से उन्हें घेर लेता है। वे अंधे की

तरह गोलियों की बौछार करने लगते हैं। देखते-ही-देखते जमीन लाशों से पट जाती है। मगर जो बचे-खुचे हैं, वे अपनी जगह से टस-से-मस नहीं हो रहे हैं।

बोंगा का ऐसा ही आदेश था कि सोहराई के दिन वह पूजा-दीर्घा पर नहीं पहुँची थी। उसी डायन के कारण उस सुकेल के नेतृत्व में बेजोड़ हंगामा हुआ था और पुरोहित का दोस्त पोटन साहब मारा गया था। डांयन ने इस घटना पर खुशी में ठहाके लगाए थे। पुरोहित को बहुत गुस्सा आया था और उसने बोंगा से सच-सच बयान कर दिया था। बोंगा ने अति क्रोध में घोषणा कर दी—उस औरत को दंडित करूँगा। उसने पुरोहित को अपमानित किया है। वह डायन है।....

बचे-खुचे जीवित लोग एकटक नंगा जान गुरु (तांत्रिक) को निहार रहे थे, भय और थरथराहट के बीच। गोरे अभी गोलियाँ तड़ातड़ दाग रहे थे। नंगा जान गुरु गोलियों को पानी में बदलने के मंत्र उच्चारण करते हुए नाच रहा है। अभी तक उन्हें विश्वास था नंगा जान गुरु की तांत्रिक क्रिया गोलियों को बेअसर कर डालेगी।

कप्तान फायरिंग रोकने का आदेश करता है। सिपाही बंदूकों की बट जमीन पर गिरा लेते हैं। कप्तान बेलौस कड़कड़ाता है, "हरामखोरो! अभी भी सच-सच बता दो, नहीं तो लाइन में खड़ा कर एक-एक को मार डालूँगा और तुम्हारी सारी औरतों को उठाकर बैरक में हमेशा के लिए रख लूँगा?"

पुरोहित कहीं से आकर सामने खड़ा हो गया और हाथ जोड़ गिड़गिड़ाने लगा, "पोटन साहब की हत्या का बदला उस डायन औरत को मारकर ही तो ले रहे हैं।"

"चोप्प स्साला" कप्तान ने पुरोहित की गर्दन पकड़कर जमीन पर पटक दिया। "उस औरत की हत्या के जुर्म में तुम्हें गिरफ्तार करेंगे। पहले साहब के हत्यारे सुकेल को हमारे सामने हाजिर करो?"

"वह तो उसी दिन से लापता है, बाबू।" पुरोहित कराहता हुआ इतना ही बोल पाया।

कप्तान ने उसकी पीठ पर चढ़कर बूट नचा दी। पुरोहित के मुँह से खून निकल आया।

नंगा जान गुरु धीरे से कहीं खिसक गया था। वह डायन स्त्री जीभ काढ़े पड़ी थी। फिर भी उन संतालों में कोई प्रतिकार नहीं था। बोंगा उनके माथे पर सवार था। डायन को वे पुरोहित के चरणों पर चढ़ाने के लिए बेताब थे।

अचानक कोई पत्थर कहीं से आकर कप्तान की हैट से टकराया। उसमें एक कागज के टुकड़े पर लिखा था—"हमने अँग्रेज, महाजन, सूदखोर और जमींदार के जुल्म खत्म करने का व्रत लिया है और तुम्हारा सामना करने के लिए एक नौजवानों का दल बना लिया है। दीघी के दारोगा महेश लाल दत्त को मना कर दो कि हमें 'संताल डकैत' बोलकर गिरफ्तार करना बंद करे, नहीं तो तुम्हारी भी हालत पोटन साहब जैसी होगी सुकेल।"

कप्तान गुस्से में बूट सहित जमीन पर एड़ी दबाकर नाच गया। गरजा, "क्रूक साहब की तरह एक-एक गाँव को तोप से उड़ाना होगा? सिपाहियो! गाड़ी में बैठो।"

और उसने गाड़ी जंगल की ओर मोड़ ली। जंगल पार गाड़ी दीघी आकर रुकी।

उसने महेश दारोगा को बुलाया, "महेश?"

"सर!"

"उस बस्ती को देख रहे हो?"

"सर!"

"उसे लूट लो। आग लगा दो?"

दारोगा महेश लाल दत्त फौरन रवाना हो गया।

गोको नायक उस बस्ती का ो चेष्टा के बावजूद महाजन उसकी सम्पत्ति हथिया नहीं सके थे री का महेश के लिए सुनहरा मौका था। वह सिपाहियों के साथ गाका न ...... घर क सामने रुक गया और गोको को बुलवाया।

"मैंने तुम्हारी शिकायत सुनी है, गोको?" उसने कहा।

"कैसी शिकायत, सरकार?" गोको ने दोनों हाथ जोड़ लिए।

"तुम चोरों की सरदारी करते हो।"

गोको नायक काफी डर गया। "एकदम झूठ बात है, सरकार! संताल कभी झूठ नहीं बोलते। इस सामने वाले शाल वृक्ष की कसम।"

महेश दारोगा ठहाका मारकर हँसा, "सुकेल डकैत लूट का माल तुम्हारे पास रखता है न?"

"बिल्कुल नहीं, माय-बाप।"

"तब इस बस्ती में तुम्हारे पास सबसे अधिक सम्पत्ति कैसे है?"

"यह सब मेरे पसीने की कमाई है।"

"झूठे?" महेश दारोगा बिगड़ैल लहजे में बोला, "तुम्हें चोरी के इल्जाम में गिरफ्तार करूँगा।"

पहले तो महेश लाल दत्त ने कुछ दे-लेकर छुट्टी पाने की सलाह दी, पर गोको इसके लिए तैयार नहीं था। घूस को पाप मानता था। जब उसने यह बात कही कि सुकेल डकैत नहीं, हमारा नायक है तो महेश दारोगा के कान खड़े हुए। उसने गोको नायक पर चोरी का इल्जाम लगाकर गिरफ्तार कर लिया।

मामला साबित नहीं हो सका, इसलिए गोको संताल को कोर्ट ने बरी कर दिया। मगर आदिवासियों में इसकी घोर प्रतिक्रिया हुई। असंतोष को इस घटना ने आकार देना शुरू कर दिया। तमाम संताली, कुम्हार, तेली, लुहार, जुलाहे, डोम, चमारों ने इस घटना को आदिवासी अस्मिता का सवाल बना दिया।

इस घटना के कई दिनों बाद जोबा को जब यह खबर लगी तो वह अपने बब्बा

के साथ गोको नायक से मिलने चली आयी। पोटन साहब की हत्या ने उस युवती के नारी मन में नए सृजन का बीज डाल दिया था।

गोको को उसके साहसिक कृतित्व की पहले से जानकारी थी। उससे मिलते ही गोको बोला, "बेटी! तुम्हारे कदम की हम तमाम आदिवासी सराहना करते हैं। हमारी औरतें तुम्हारी तरह बनें, हमारी हार्दिक इच्छा है।"

संभवतः आदिवासी इतिहास की वह पहली घटना होगी, जब किसी स्त्री ने अस्मिता की रक्षा स्वयं की थी और उसकी सराहना युवकों की टोली ने की थी। जोबा याद करती है, जब उसने उस आततायी की गर्दन में मुर्गी काटने वाली छुरी घुसेड़ दी थी। उसने कहा, "माराम बा (काका) शायद सुकेल और उसके साथी वहाँ नहीं होते तो मैं अपनी अस्मिता लुटा चुकी होती या उसी छुरी से आत्महत्या कर चुकी होती। मगर मरांग बरु ने मुझे बचा लिया।"

"सुकेल मिला तुम्हें उसके बाद?" अचानक गोको ने पूछ दिया।

"इसी ललक से तो आयी थी, माराम बा कि शायद उसका पता आपको हो।"

"ठीक है।" वह बोला, "कल तुम उस तलहटी के शाल वन के किनारे आ जाना, सुकेल वहीं मिल जाएगा।"

सकारे शाल वन के किनारे पहुँची, तो पवन में भी खुशनुमा अपनापन जैसा था। कहीं से आ-आकर गीत उसे घेरने लगे थे—

'सोनेरो रूप रूपेरो रूप
सोनेरो रूप लेका गातेय मेनाय
गातेय दिस भरे सोना मुन्दोम
गातअङ इहर जिवो दोलोकतिआ'

(सोने और रुपए से अधिक रूपवान मेरा प्रियतम है। सोने की अँगूठी सी मेरे प्रियतम की याद मेरे दिल में टीस पहुँचाती है।)

उसे लगा, जैसे गाता-हहराता चला आ रहा हो उसका प्रियतम सुकेल। सचमुच चला आ रहा था वह। जैसे वर्षों से भूखी-प्यासी हो। हवा की तरह लिपट गयी थी उससे।

"कहो जोबा, माराम बा गोको का ठिकाना किसने दिया तुम्हें?" उसने दुलार में उसके गाल थपथपाए।

"बब्बा लेकर आया था।"

"घर-गाँव कैसा है? मेरा बब्बा मिला कभी तुम्हें?"

"मेरे कारण बस्ती में भारी जुलुम किया गोरों ने।"

सुकेल हँस दिया, "तेरे कारण नहीं रे, मेरे कारण।"

जोबा भी साथ हँस दी थी। शाल फूल टपके थे, जोबा के गाल छूकर झरे थे। वह शाल फूल चुन-चुनकर आँचल में रखती जा रही थी।

''इत्ता फूल किसलिए?'' सुकेल ने पूछ दिया।

''जूड़े के लिए।....''

''लगा दूँ?'' वह बिन उत्तर के वेणी गूँथने लगती है; जैसे सुकेल की उँगलियाँ नहीं, बाँह हों। ''सुन सुकु, ले चल ना मुझे भी अपने साथ।''

''अभी नहीं, ब्याह बाद। फसल अच्छी है इस साल मरांग बरु ने चाहा तो सोहराई पर्व पर मिलन कर लेंगे।''

''ना, बब्बा रे। गोरे गाँव पर डोरे डालने लगे हैं। पुरोहित अच्छे मिजाज का नहीं है। गोरे उसके साथी-संगी हैं। रेलवे लाइन बिछाने में ठेकेदारी ले लिया है। गाँव के बहुत सारे मजदूरों के पैसे पचा गया है। तुम्हें पहले मरवा डालेगा।''

सुकेल जोर-जोर से ताली बजा-बजाकर हँसता है, मानो जोबा उसके सामने निरी बच्ची हो।

''मजाक तो नहीं उड़ा रहे हो?''

सुकेल को लगता है, दुखी हो गयी है जोबा। उसका हाथ पकड़ लेता है, ''समझ नहीं रही तू। गोरे, जमींदार, साहूकार-महाजन की नजर में संताल डकैतों का सरदार हूँ। मुझ एक आदमी को मारने के लिए तोप भी भिड़ा सकते हैं।''

डर से सिहरती हुई सुकेल के दोनों हाथ पकड़ लेती है और खींचती हुई काले ढोके पर बैठ जाती है। जोबा को पता नहीं कैसे सामाजिक रीतियाँ याद आने लगती हैं। वह सुकेल के हाथ थामे कहने लगती है, ''सुन सुकु, तुम्हें एक कहानी सुनाती हूँ। मैंने यह कहानी दक्का आयो (दादी) के मुँह से सुनी थी। एक बार बेसरा गोत्र की एक लड़की टुडू गोत्र के लड़के से प्यार करने लगी। परन्तु लड़के ने शादी से इनकार कर दिया। इसके बाद लड़का और लड़की के परिवार वालों में एक समझौता हुआ। तय हुआ कि दोनों के जानवरों में लड़ाई हो। भैंसा और मुर्गे में लड़ाई तय कर दी गयी। दोनों पक्ष ने यह भी मान लिया कि अगर भैंसा मुर्गे को मारता है तो यह समझा जाएगा कि भगवान चाहता है कि दोनों की शादी हो जाय। अगर भैंसा मुर्गे को नहीं मारता है तो यही समझा जाएगा कि ईश्वर यह शादी नहीं चाहता है। भैंसा और मुर्गे में लड़ाई शुरू हुई। मुर्गा जीत गया, भैंसा बेचारा हार गया। भगवान को वह विवाह मंजूर नहीं था। तब से दोनों गोत्रों में शादी नहीं होती है।''

''लेकिन हमारे यहाँ तो रिवाज है जोबा, कि एक ही गोत्र में हमारे यहाँ ब्याह नहीं होते। हमारे गोत्र दो हैं, इसी कारण तुम्हें चिन्ता है क्या?''

जैसे जोबा उसकी बातें नहीं सुन रही हो, एकबारगी खुशी के मारे झूमकर बोलती है, ''ए रे, हम अपना ब्याह वैसी विधि से करेंगे।''

सुकेल के चेहरे पर अनायास मुस्की फैलती है, ''अच्छा सोचा तुमने। वैसी विधि में दूल्हा-दुल्हन अपनी पसन्द से करते हैं।''

''हाँ रे, रायबार विधि में भारी तुल है।'' जोबा बीच में बात लोक लेती है, ''विवाह

रचाने वाला राय वारिच बहुत नखड़ा कराता है। झूठ-मूठ परिवारवालों पर खर्च का बोझ बढ़ जाता है। जानते हो, मेरा बब्बा क्या कहता है?''

''क्या कहता है!'' संदिग्ध हो उठता है सुकेल।

''बब्बा बोलता है, हम अपने जोबा के ससुर से कोई रुपया-पैसा नहीं लेंगे–कन्यादान के लिए पौन नहीं। यहाँ तक कि ब्याह में लड़के की ओर से तयशुदा सात रुपए भी नहीं।''

''काफी देर हो गयी जोबा।'' अचानक खड़ा हो गया सुकेल, जैसे उसे किसी आशंका का ध्यान आया हो, ''तुम्हारे बब्बा खोज-खबर करने लगेंगे। इधर गोरी पल्टन हमारी खोज में जंगल-जंगल भटक रही है।''

''लड़ाई चली तो आगे भी बढ़ेगी। है न?''

''हाँ, जोबा। जो चिनगी तुमने सुलगायी है, वह संताल के कोने-काने में सुलग रही है।....जा तू।''

''जाती हूँ।''

मगर वह खड़ी है और उसे एकटक जाने किस मन से निरख रही है। उसके होठ और कंठ एक साथ गुनगुनाते हैं–

''नाले धाड़करे सीसारारे
दोन आते चियो नालोम रागा।
निञ मिनाञ मोर पियो नालन पियोज
कुँआरी मौन पियो डाले-डाले।''

(हे पपीहे! आँगन में शीशम का पेड़ है। तुम उस पर फुदक-फुदक कर मत बोलना जब तक मैं क्वाँरी हूँ, तब तक पी-पी मत बोलना। बोली सुनने से मेरा क्वाँरा मन हिल-डोल करने लगता है–विह्वल होने लगता है।)

सुकेल कुछ दूरी से फिर लौटकर आता है, ''एक बात पूछना भूल गया था, जोबा।''

''कौन-सी बात?''

''वही पिलकू मरांग जो (फुआ) बड़ी भोली थी तुम्हारे गाँव में! कितवा दुआर रखती थी मुझसे–सारे गाँव से। जोबा, ऐसी घटना फिर से नहीं हो गाँव-गाँव में। हमारी अपढ़ता, अज्ञानता ने डायन-भूतिन बोलकर उसकी जान ले ली।''

''इसका अफसोस तो मुझको भी है, सुकु!'' थोड़ी देर चुप्पी के बाद फिर बोली, ''ऐसे कामों के लिए तुम्हारी भी जरूरत है। तुम्हें भी मालूम है, बोंगा, मांझी, पुरोहित, नंगा जान गुरु जब तक हमारे भीतर बने रहेंगे, यही सब होता रहेगा। मैं भी तो औरत हूँ, रे। किसी दिन मेरी गर्दन में भी ढोल लटकाया जा सकता है, बेमतलब।''

जोबा का चेहरा भय से, आशंका से खिन्न लग रहा था। उस साँवली-सलोनी को लगा हो, जैसे यहाँ से जाने के बाद वही घटना न दुहरायी जाय। सुकेल फिर से शाल

के नीचे बैठ गया था। शाल पत्रों से कोई भूतनी आवाज झनझनायी थी।

"डर गयी?" सुकेल उसकी चुप्पी को उकेरता है।

"तुम्हारे बिना नहीं जाऊँगी। चाहे इस शालवन में मुझे अकेला ही क्यों न रहना पड़े। पुरोहित के लिए आज भी मैं दुश्मन हूँ। गोरों की सोहबत में बराबर रहता है। उसे अँग्रेजों ने ठिकेदारी दे दी है। वह मजूरी के लालच में औरतों को बहला-फुसलाकर ले जाता है। उन्हें भी भरोसा है कि रेलवे-लाइन में उन्हें काम मिल जाएगा। पुरुषों के बराबर उन्हें भी मजूरी मिलेगी।"

सुकेल चौंकता है। "अच्छा, तालो तुम्हें कभी मिलता है? वह मेरी तरह का आदमी है।"

"मिलता है। मगर इतना ही भर बोलता है—तुम हमारे गाँव की बहादुर लड़की हो। तुमने लड़कियों को हिम्मत दी है।"

सुकेल को जैसे कोई रास्ता दिख गया हो, "तालो के साथ इस अपढ़ता के खिलाफ हवा बनाओ।"

फिर भी जोबा का असमंजस नहीं टूटता। उसने कहा, "पता नहीं, हमारी बात समझेगा भी या नहीं?"

"अच्छा, यह बता कि तालो दीघी चर्च जाता है या नहीं?"

"इसकी जानकारी तो मुझे नहीं है। मगर उसके हाथ में जब तब पुथी देखती हूँ।"

"तब तो जरूर तुम्हारा साथ देगा।"

जोबा को अचानक एक रास्ता सूझता है, "तुम कागोद पर सब कुछ लिखकर दे दो। मैं उसे पढ़ा दूँगी।"

सुकेल उसके भोलेपन पर हँसता है, "इस जंगल में कागोद-कलम कहाँ से लाऊँ? सचमुच की पगली है तू। जो भी हो, मगर एक बात मेरी समझ में आ रही है।"

"वह क्या?"

"यही कि आखर-ज्ञान कितना जरूरी है। तू अगर गाँव में होता तो मैं भी आखर सीख लेती। लौटते ही गोको बा को सब बताऊँगी।"

"हाँ, वही तुम्हें रास्ता बता देंगे।"

जोबा लौटने लगी तो उसे लगा, जैसे जंगल से कोई खजाना लेकर लौट रही हो।

तब से गोको नायक के पास ही उसका अधिकांश समय बीतता है। मझली, सुमो भी साथ आने लगी हैं। तालो उन्हें एक दिन बताने लगा, रेलवे लाइन में काम करने वाले कर्मचारियों का अत्याचार बढ़ता जा रहा है। पुलिस, अफसर, कचहरी सभी इन्हीं के साथी हैं। परंतु अत्याचार, दमन, शोषण सीमा पार करने लगे तो प्रतिकार स्वाभाविक है। प्रतिकार तो मनुष्य के स्वभाव में है। जमींदारों-महाजनों के अनाचार-अत्याचार से तंग आकर संथालों ने, वीर सिंह माँझी के नेतृत्व में एक दल बना लिया है। सुकेल उस दल में शामिल हो चुका है। जोबा को खुशी होती है, मगर अफसोस भी होता है कि जोबा

जैसी लड़कियाँ ऐसे दल में क्यों नहीं हैं। तालो बोला, "गोको बा, जब तक महेश लाल दारोगा दीघी में रहेगा, गोरे, साहूकार-जमींदारों का जुलुम चलता ही रहेगा। गोको बा के खिलाफ कचहरी में कोई सबूत नहीं दे सका। लेकिन इन्हें जिस तरह से अपमानित किया उस अपमान का बदला लेना होगा। हमें अपने नायकों वीर सिंह, सुकेल वगैरह को नहीं भूलना चाहिए। अनाचारों ने हमें विद्रोही बना दिया है। इसी विद्रोही मिजाज को स्त्री-पुरुष दोनों मिलकर बनाए रखें, इसी में संतालों की अस्मिता है।"

"यह दारोगा महेश लाल दो चीजों का बेहद लालची है," गोको बतलाने लगे, "धन और औरत। औरत उसे गोरों के नजराना के लिए चाहिए।"

"ऐसे लोग कभी भी मारे जा सकते हैं। इसके साथ हमें कई काम करने हैं, मराम बा।" अचानक कहीं से वीर सिंह टपक पड़े। सुकेल भी उनके साथ था। "गोको बा, सूदखोर और अपढ़ता हमारे सबसे बड़े दुश्मन हैं। पचास से पाँच सौ प्रतिशत ब्याज, हटिया-बाजार में संतालों को ठगने के लिए गलत तराजू और नकली बाट को रोकना होगा। 'मुचलका' लिखवाने, बँधुआ और दास बनाने की प्रथा बंद करानी होगी। सूदखोर-महाजन, जमींदार और अँग्रेज मिलकर हमें देशद्रोही करते रहेंगे, 'संताल डकैतों' को गैर इंसान कहकर गोलियों से भूनते रहेंगे। तुम लोग कान खोलते क्यों नहीं संतालो?"

गोको नायक के दरवाजे के पास वीर सिंह माँझी का नाम सुनते ही भीड़ बढ़ने लगी थी। माँझी भीड़ को देखते हुए फिर बोले, "तुममें कौन पढ़ना-लिखना जानता है—हाथ उठा दो?"

तालो को छोड़कर एक ही दो हाथ उठे थे। औरतों के झुंड से कोई हाथ नहीं उठा था। माँझी कहने लगे, "तो सुनो मेरे सरल मन और अज्ञानी संतालो। सातकोठिया गाँव की कहानी सुनाता हूँ। बहुतों को इस कहानी की जानकारी है। तुम सभी जमीन नहीं रहने पर खुद को रेहन रखकर कर्ज लेते हो। सातकोठिया गाँव की कहानी जानकर तो रोंगटे खड़े हो जाते हैं। बहुत सारे ऐसे भी संताली हैं, जिनके पास न जमीन है, न अनाज। मगर इन्हें भी धर्म-आडंबर, विवाह-मरण में कर्ज चाहिए। मगर इनके पास कायिक श्रम को छोड़कर कुछ भी नहीं है। तब ये मुचलके पर अँगूठा लगाने के लिए बाध्य हो गए हैं कि जब तक कर्ज का भुगतान नहीं हो जाता, उनका परिवार महाजन का गुलाम रहेगा। मरने के लिए तो बेचारा भूखा मर गया, मगर बोंगा पूर्वजों की तृप्ति के लिए भोज चाहिए। झख मारकर महाजन के गलियारे की ओर दौड़ पड़ता और गुलामी के लिए अपने आपको सौंप देता। महाजन भी जानता है यह मूरख कर्ज लौटएगा नहीं। चाहकर भी अलग से कमाई करने का अवकाश कहाँ जो महाजन का कर्ज चुकता कर सके। गुलामी करते-करते मर जाता है और कर्ज की विरासत अपने बच्चों के लिए छोड़ जाता है। जो कर्ज शुरू-शुरू में पैसे में था, वह जल्दी ही तैंतीस प्रतिशत ब्याज की दर से बहुत सारे रुपयों में बदल जाता है। अगर गुलाम संताल अपना

सारा समय देने से इनकार कर देता तो मालिक उसका भोजन-पानी बंद कर देता है। अगर वह किसी दूसरे के यहाँ काम कर कर्ज से मुक्ति चाहता तो मालिक महाजन उसके खिलाफ कानूनी कार्रवाई कर जेल भेजने का आतंक फैलाते और बेचारा कर्जखोर हमेशा के लिए घुटने टेक देता है। इस चलन के खात्मा के लिए तुम्हें जल्दी तैयारी करनी पड़ेगी। बोलो, कौन-कौन तैयार है?"

उसके पक्ष में प्रायः सभी हाथ उठ गए थे।

"तुम्हें अपने इलाके की अपढ़ता दूर करनी होगी। इसकी अगुआई के लिए कौन तैयार है।"

जोबा अकेली खड़ी हो गयी।

"पढ़ना जानती हो?"

"एक आखर भी नहीं।"

गोको नायक बोला, "जोबा, अपढ़, जरूर है वीर सिंह, गँवार नहीं है। इसकी जिम्मेदारी जोबा सँभाल लेगी।"

सभी को समझ में आ रहा था कि बुराई की जड़ उनकी अपढ़ता है। जोबा जब कुछ कहने के लिए खड़ी हुई तो सभी को अचरज हुआ। एक तरह से पंचायत जैसा ही माहौल था वहाँ। अभी तक गाँवों में किसी को दंडित करने के लिए अकसरहाँ पंचायत हुआ करती थी। अब लगता है, पंचायत कुछ सामाजिक परंपराओं को तोड़ने के लिए भी होगी, निर्णयों के लिए होगी। माँझी, सिंहमाँझी अथवा किसी मुखिया की बुलायी पंचायत यह नहीं थी। यह तो स्वतः कुछ नौजवानों के विमर्श ने पंचायत का आकार ले लिया था। सबसे ज्यादा युवतियाँ इस विमर्श में अगुआई ले रही थीं। यहाँ तक कि वीर सिंह भी चुप्पी साधे उनकी बातें गुन रहा था। उसने पूछा, "जिम्मेदारी सँभालने के लिए तैयार हो?"

"हाँ, तैयार हूँ।" जोबा बोली, "यह मेरे पास बैठी सुमो है, पढ़ना-समझना जानती है आखर। गोको नायक हमारे बब्बा के माफिक हैं, इनके दरवाजे पर सुमो और तालो आखर देने का काम करेंगे।"

वीर सिंह के आंदोलन में एक नया कदम आ जुड़ा था। इस इलाके में नया आंदोलन बनने के लिए अँखुआ रहा था। उसने कहा, "कोई भी लड़ाई बुराई के खिलाफ शुरू होती है। हमारी यह लड़ाई अपढ़ता, शराब, जुआ और डायन, जादू-टोना के खिलाफ जोबा, सुमो और तालो की अगुआई में शुरू हुई है। हमें सच्चे मन से कुछ प्रतिज्ञाएँ लेनी होंगी।"

सभी ने एक साथ हामी भरी थी।

सभी ने एक साथ वीर सिंह की बातें दुहरायी थीं—हम आज से आखर से नाता-रिश्ता बनाएँगे। शराब-हँड़िया का इस्तेमाल नहीं करेंगे, न ही डायन, जादू-टोना में विश्वास रखेंगे....।

गोको नायक खड़ा हो गया। उसने कहा, "मैं कल ही राजमहल जाऊँगा—चार लालटेन, पेंसिल, स्लेट और किताबें इन बच्चों के लिए खरीद लाऊँगा। मेरे दरवाजे से रोशनी की शुरुआत होगी।"

उस दिन जंगल में संताल समाज ने अपने को बदलने के लिए पहली शुरुआत की थी।

सातकोठिया गाँव की एक घटना ने संतालों के क्रोधाग्नि में घी का काम किया। महेश दारोगा ग्यारह संतालों को जुल्म कबुलवाने के लिए चाबुक से जानवरों की तरह मारते-पीटते दीघी ले गया। उनके काले पहाड़ जैसे शरीर से खून रिस रहा था। एक के होठ और दूसरे की दायीं आँख पूरी तरह फट गयी थी।

सिपाहियों ने थाना-परिषद में मोटे रस्से में लपेटकर जमीन पर लिटा दिया था। वे पानी की रट लगा रहे थे, मगर सभी गूँगे, बहरे और पत्थर से भी बेदिल थे। इलाके के नामी दोनों महाजन सूरज नाथ और धरमू सिंह महेश लाल से हँस-हँसकर बतिया रहे थे।

"सब साले कलजुग के असुर हैं।" महेश ने गुस्से में दाँत किटकिटाए।

मगर सूरज और धरमू ने शैतान जैसे ठहाके मारे; जैसे इन असुरों का संहार नहीं हुआ तो महाजनों का साम्राज्य ढहेगा।

"मैं क्या करूँ सज्जनों!" महेशलाल झल्लाकर चिल्लाया, "मेरे हाथ थक रहे हैं, इन असुरों के जुल्म नहीं थम रहे। तब भी अँग्रेज बहादुर कप्तान साहब को भरोसा नहीं हो रहा कि इन संताल डकैतों को दबाने में कोई मदद नहीं कर रहा हूँ। डकैती के माल से खजाने को कहाँ से भर दूँ?"

"अलबलाने की बात नहीं दारोगा जी। हम कप्तान साहिब को मना लेंगे। सुकेलवा के फिराक में हैं हम लोग।" सूरजनाथ बोला।

"सुकेलवा तुरते मुट्ठी में आ जाएगा। उसरवा कवन बड़इन चीज है? हमहूँ खाँटी शाहाबादी है, एकदम शाहाबादी।" धरमू ने कहा।

"वह कैसे?"

"बंगाली भइया की बात। उ जामुन जैसी टेस करिया, भभकती छौंडी को देखा है? बरोबर जोकोवा के दुआरे पर रहती है। क्या नाम है उसका....?"

उसकी बात काटते हुए सूरजनाथ बोला, "जोबा!"

"जब कहो जोबा को उठा लेते हैं और महेश बाबू को भेंट चढ़ा देते हैं।"

महेश लाल दत्त कुछ बोला नहीं, थोड़ी गुस्से में नरमी जरूर आयी। उसने कहा, "मैं यह सब पचड़े में नहीं पड़ना चाहता। आप गोरे साहबों को खुश रखिए। मालोमाल कर देंगे।"

"सांचो के दारोगा जी?"

धरमू सिंह का शैतानी अट्टहास।

काँपने लगे घायल संताली। हरकत हुई तो महेश लाल का मिजाज भड़का। छोटे कप्तान भी आकर देख लेते तो तरक्की की गारंटी थी।

अचानक घोड़े की टाप सुनाई पड़ी। महेश लाल चौकन्ना हो उठा—जरूर साहब होगा। उसका अनुमान एकदम दुरुस्त निकला। महेश के पीछे-पीछे सूरजनाथ और धरमू सिंह भी दौड़े।

उनकी सलामी का बिना परवाह किए गोरा साहब चुपचाप उसकी कुर्सी पर जा डटा।

"कितने डकैत लाए?"

"ग्यारह, सर।"

"फिर से पहाड़ियों में उपद्रव शुरू है।" गोरा साहब बोला, "वीर सिंह माँझी इन डकैतों का सरदार है। उसे जिंदा या मुर्दा हमारे सामने हाजिर करो?"

"जी, सर।"

"ये लोग कौन हैं?"

"इलाके के रईस जमींदार, सर। सभी सरकार के साथ हैं।"

"हाँ, हजूर।" दोनों साथ-साथ बोल पड़े।

महेश ने बोतल और गिलास सामने रख दिया। गोरा साहब मुस्कुराया, "जल्दी मुर्गा काटो। रात में तुम्हारे साथ विश्राम करेंगे।"

दोनों महाजन हटिया दौड़े और चार मुर्गे झपट लाए। महेश लाल धार्मिक आदमी था, शुद्ध शाकाहारी। मगर साहबों की सेवा में सबकुछ करने के लिए तैयार रहता था। सूरजनाथ और धरमू सिंह महाजन पुण्य-अर्जन में बुरी तरह पिल गए थे। उन्होंने स्वयं मुर्गे काटे और डिनर का सारा इंतजाम एक, दो असामियों के जिम्मे डाल दिया था। साहब नशे में बड़बड़ाता रहता था, "जल्दी करो, जल्दी-जल्दी? और कोई इंतजाम?"

"है हजूर!" धरमू सिंह उछलकर सामने आ गया।

"किधर है?"

"लाया सरकार।" वह एक ओर सरपट भागा। अँधेरा सुगबुगाने लगा था। पहाड़ काले रंग में बदलने लगे थे। साहब उत्साह में बोतल खाली करने में लगा था। सामने रोशनी के लिए लकड़ियाँ जला दी गयी थीं। हवा में रफ्तार तेज थी।

धरमू अपने वचन का पक्का था। खाली हाथ नहीं लौटा था। लड़की को अन्दर छिपा दिया गया था। बस, साहब के आर्डर का इंतजार था। तभी एक तीर अँधेरे को चीरते हुए लकड़ी की कुर्सी में आ धँसी। गोरा साहब उछलकर खड़ा हो गया। सिपाही चारों तरफ से घेरकर एलर्ट हो गए।

"फायरिंग के लिए तैयार हो जाओ?" वह बादल की भाँति कड़का और स्वयं पिस्तौल तानकर घेरे के अंदर नाचने लगा। एक तीर आकर उसके पाँव से टकराया,

मगर बूट से टकराकर बेअसर हो गया। महेश लाल धीरे से खिसक गया। तीरों की बौछार शुरू हो गयी। गोरा अगले आदेश के लायक नहीं रह गया था। वह जमीन पर लुढ़कते ही शांत हो चुका था। सूरजनाथ और धरमू सिंह अपनी-अपनी जगह से हिलने में असमर्थ थे। सिपाही बंदूक छोड़कर भागने लगे थे। कई तीर आकर दोनों महाजनों को बेध चुके थे। तीन-चार सिपाहियों की लाशें भी पट चुकी थीं।

थोड़ी ही देर में सर्वत्र सन्नाटा था। घोड़े का कहीं भी अता-पता नहीं था। उस दिन वीर सिंह के दल के लगभग सुकेल सहित पचास के लगभग लड़ाकू संताल थे। उन्होंने महेश लाल दारोगा को बहुत खोजा; मगर न जाने वह किस कंदरा में लापता था।

उन्होंने घायल संतालों को अपनी पीठ पर लाद लिया और उस लड़की को लेकर पहाड़ की ओर निकल गए।

महेश दारोगा रातोंरात राजमहल चला आया और सूरज के निकलने के साथ-साथ हेडक्वार्टर में हाजिर हो गया। उसने गुहार लगायी कि साहब ने फौरन फौज की दो टुकड़ियाँ माँगी हैं।

टुकड़ियाँ महेश के साथ पहुँचीं, तो दीघी में खाली लाशें पड़ी थीं। एक भी घायल संताल वहाँ नहीं था। इस बार उनके साथ पोटेंट साहब भी आया था। पोटेंट नहीं चाहता था कि इस लड़ाकू दल से संतालों का संपर्क हो। इसलिए उसने संताल गाँवों को घेर रखने का हुक्म दिया। क्रूक साहब का जमाना नहीं रह गया था कि जब चाहा तोप भिड़ा दिया, लाशों से जंगल पाट दिया। धीरे-धीरे इनमें भी चेतना आयी है। मगर अधिकार की पहचान इन्हें अब भी नहीं हुई है। जिस दिन ये सही-सही अपने इतिहास और अधिकार को जान लें, उसी दिन अँग्रेजों को सात समंदर पार भेजने के लिए यही लोग पर्याप्त हैं।

उसने ऊपर के पदाधिकारियों के बीच बहस चला दिया। इसका कहना था कि कुछ दिनों तक यथास्थिति बनाये रखी जाय। अगर इस देश में शांतिपूर्वक हुकूमत करना है तो इनकी कला, संस्कृति, शौर्य, शिक्षा और चेतना को पनपने नहीं दिया जाय। इसलिए रेल तथा कुछ-कुछ सड़क-निर्माण का कार्य तेज कर दिया गया। स्थानीय मजदूरों के साथ हिदायत दे दी गयी कि इन्हें विशेष तंग न किया जाय कि दिन-प्रतिदिन इनका विद्रोह परवान चढ़े। इन्हें परस्पर कभी मिलने नहीं दिया जाय, तभी इन पर या धर्मपरायण, जाति-संप्रदायों में खंड-खंड बँटे इस देश पर आराम से शासन किया जा सके। बस, ध्यान रहे वीर सिंह माँझियों की कनगी भी कहीं नहीं फूटे। फूटे तो बेरहमी से मसल दिया जाय।

इधर पोटेंट को घबड़ाने वाली दो सूचनाएँ लगीं। पहली सूचना तो यही थी कि इधर आदिवासियों में शिक्षा का मर्ज बढ़ रहा है दूसरी चीज कि जरी नाम का कोई संताल है जो किसी भी प्रकार के रोग को झाड़-फूँक और जड़ी-बूटियों की दवा से नष्ट कर देता है। झाँड़-फूँक करे, कोई बात नहीं। झाँड़-फूँक, जादू-टोना, तरह-तरह का

अंधविश्वास तो इनका जातीय संस्कार है। इसे प्रोत्साहित किया जाय। परंतु वैद्य, डॉक्टर का होना खतरनाक बात है। इनके भीतर पढ़ने-लिखने की इच्छा-शक्ति को भी दबाया जा सकता है—बशर्ते कि इनकी रुझान की दिशा बदल दी जाय।

शिक्षा शास्त्री मैकाले की शिक्षा-पद्धति उसके सामने थी। इंग्लैण्ड से पादरियों को बुलाकर संतालपरगने में ईसाई-मिशनरियों का जाल बिछा दिया जाय। पोटेंट सिर्फ स्वप्नजीवी ही नहीं था, उसे जमीन पर उतारने का भी उसमें माद्दा था। उसने इस काम के लिए सूदखोर-महाजनों को इस्तेमाल करने का उपाय निकाला। पोटेंट ने भवेश नामक महाजन को बुलाया।

भवेश आया तो वह बहुत डरा हुआ था। मगर इस इलाके में सूदखोर-महाजन बड़े साहसी भी थे। उन्हें मालूम था कि अँग्रेज बहादुर उनका व्यक्तिगत नुकसान नहीं कर सकते। अँग्रेजों की किसी भी कार्रवाई के भीतर उनका भी स्वार्थ निहित है।

"तुम मेरा एक काम कर सकते हो?" उसने भवेश महाजन से कहा।

"हुकुम करिए, माय-बाप!" उसने दोनों हाथ जोड़ लिए।

"गोको नायक को जानते हो?"

"जानता हूँ, सरकार!"

"उसे बुलाकर मेरे पास ला सकते हो?"

"क्यों नहीं ला सकता, हुजूर।"

"गोको नायक को तुम्हारी तरह अपना आदमी बनाना चाहता हूँ।"

पोटेंट की इस बात ने उसे संदेह में डाल दिया। बोला, "किसलिए हुजूर?"

पोटेंट हँसा। "डरने की बात नहीं है। उसके आने के बाद तुम्हें पता चल जाएगा।"

भवेश महाजन चुपचाप गोको के गाँव चल दिया। मगर रास्ते भर उसका संदेह निर्मूल नहीं हुआ। आखिर गोको को अपना आदमी बनाने के पीछे पोटेंट साहब की मंशा क्या है? कहीं उसके लिए उदार तो नहीं हो रहे हैं? गोको वीर सिंह का आदमी है। इस बात की पोटेंट साहब को तो जानकारी होगी। गोको नायक का आसपास दबदबा था। महाजन उसके गाँव जाने में डरते हैं। संतालों के बीच वह धनवान आदमी है। जब से महेश दारोगा की गिरफ्तारी के बाद कोर्ट से बेकसूर बरी हुआ है तब से उसके भीतर अद्भुत साहस हुआ है, ऊपर से वीर सिंह माँझी का संरक्षण। भवेश महाजन भी डरता रहता है उससे। फिर भी गोको अँग्रेजी राज से बड़ा नहीं है, उसके अधीन ही है।

भवेश में कुछ हिम्मत आयी। पहाड़ी चढ़ाव पर तो किसी तरह हाँफते-काँपते आ गया, परंतु ढलान पर तेजी से उतरने लगा, जहाँ से गोको का गाँव साफ दिख रहा था। झाड़-झुरमुटों के बावजूद दिन का मामला था। भयभीत होने की जरूरत थी। कामकाजी स्त्री-पुरुष जहाँ-तहाँ नजर आ जाते थे। लकड़ियाँ काटते, मधु के छत्ते तलाशते या शिकार की टोह में बैठे संतालों से डरने की कोई बात नहीं। अधिकांश उससे ही डरते हैं।

कोई संताली युवक एक पेड़ के नीचे वंशी की टेर में मस्त था। भवेश महाजन को अच्छा लग रहा था पहाड़ के पोखर से घड़े में पानी लेकर युवतियाँ गुनगुनाती लौट रही थीं–

"नुमित मारांग बान्दा छाड़ा
चेदाक् पोरायनी पायडेरे दो
देलाङ पोरायनी मोंडेनॉय दिसाम ते
देलाङ पोरायनी दाक् तालाते।"

(हे कमल! तुम इतने बड़े तालाब को छोड़ कर छिछलेदार पानी में क्यों हो? तुम पंचनद देश चलो, वहीं पानी के बीच रहोगे।)

वंशी टेर रहे युवक के पास पेड़ के पीछे खड़ा हो गया। युवतियाँ नजरों से ओझल हुईं तो जानते हुए भी युवक से पूछ लिया, "गोको नायक का गाँव वही है?"

पहले तो युवक दिकू समझकर सहमा; परंतु पथिक समझकर इशारा कर दिया कि वही है। मुस्कुराता हुआ भवेश आगे बढ़ गया। वंशी की टेर उसका पीछा करती आ रही थी, वह मुड़-मुड़कर निहारता चल रहा था। सच, लोक-संस्कृति में पत्थर को भी पिघलाने की क्षमता होती है। भवेश का भी बेरहम मन वंशी की टेर से भीग गया था। इच्छा होती, उस भावविभोर युवक के पास घंटा, दो घंटा शीतल हो ले। मगर पोटेंट साहब के हुक्म की तामील करना था। चलो, मन मार लो अभी। लौटते समय गोको के साथ थोड़ी देर ठहर लेंगे।

भवेश गाँव में घुसा तो ग्रामीण डरकर अपने-अपने घरों में जा छिपे और ओट से आँखें फाड़-फाड़कर देखने लगे। आयो ने अपनी बेटियाँ अन्दर छिपा लीं। ना मालूम, कब जालिम की आँखें लग जायँ। जब गोको नायक के दरवाजे पहुँचा तो जोबा गुमसुम बैठी कोई किताब उलट-पलट रही थी।

उसके मुँह से अचानक लार टपक गया; जैसे जोबा खाने-निगलने कोई जंगली आहार हो। मगर उसने अपने को सँभाल लिया और बिन कुछ बोले गोको नायक के पास पालथी लगाकर जमीन पर ही बैठ गया।

"तुम्हारे लायक एक खुशखबरी है, गोको नायक।" वह हँसते हुए बोला।

"महाजन-सूदखोर और खुशखबरी?" गोको ठहाका मारकर हँसा।

"मजाक नहीं," भवेश ने गंभीरता से कहा, "तुम तो मेरे यार भी हो। पोटेंट साहब को जानते होगे।"

"उसका नाम कहीं सुना था।"

"उन्होंने तुम्हें बुलाया है।"

"किसलिए?"

"यह नहीं मालूम। सिर्फ इतना ही बोला कि गोको नायक को अपने साथ बुला लाओ।"

"मगर मुझे उससे नहीं मिलना है।" उसने कहा, "अगर उसे मुझसे मिलना है तो खुद आकर मिल ले।"

भवेश उसके उत्तर से हैरान रह गया।

"तुम्हें ऐसा बोलने से डर नहीं लगता?"

"उसे बोलो, पहले हमारे गाँव से पुलिस उठा ले? तभी उससे कोई बात हो सकती है। जाओ?" नायक उठकर अंदर चला गया।

भवेश ने वहाँ ठहरना उचित नहीं समझा। रास्ते में उसे वंशीवाले युवक की याद आयी। युवक वहाँ नहीं था। इस बार उसका मन गुस्से से भरा था। कहीं साहब उल्टा उसी को न डाँटने लगे।

उसने लौटकर पोटेंट को सच्ची बात बता दी। पोटेंट ने कोई प्रतिक्रिया जाहिर नहीं की। उसने पहला काम यही किया कि गोको के गाँव से पुलिस को वापस कर लिया। उसने महेश लाल को कहा, "मेरे हुक्म के बगैर आदिवासी गाँवों में पुलिस नहीं जाएगी। जो इलाका शांत है उसे अशांत करने की जरूरत नहीं है। समझे?"

"जी, सर!"

"जमींदारों को बेमतलब मदद पहुँचाने की जरूरत नहीं है। अकाल-सूखे के समय तो बिल्कुल नहीं।"

महेश को लगा, बड़े साहब नौकरी छोड़कर पादरी बननेवाले हैं; क्योंकि वह पोटेंट के मुँह से चर्च के बारे में जब-तब सुनता रहता था। वह धर्मभीरु था। इसलिए दूसरे धर्मों से भी डरता रहता था। उसके लिए यह निश्चिंतता का भी संकेत था। धर्मभीरुता सिर्फ कायरता का ही नहीं क्रूरता की भी निशानी है। धर्म, संप्रदाय, जाति की कट्टरता ऐसे ही व्यक्तिपरक संस्कारों को जन्म देना है और व्यक्ति 'स्व' के दायरे में ही सिमटा रह जाता है। महेश स्वयं सुरक्षित रहे यही उसकी अकेली चिंता है। भवेश ने जोबा का नाम लिया तो महेश ने डाँट दिया, "खबरदार, किसी लड़की-वड़की का नाम लिया तो? बड़े साहब वैसे ही संतालियों के लिए अपनी गोरी जमात में सबसे उदार हैं।"

डरपोक भवेश चुप लगा गया! मगर महेश उसे समझाता रहा, "तुम मेरे आदमी हो, इसीलिए समझा भी रहा हूँ। छोटे साहब को लड़कियों का बहुत चस्का था। इसी में धरमू सिंह, सूरजनाथ और छोटे साहब की जान चली गयी। भूलकर भी आइंदा नाम मत लेना। वैसे ही गोरे उनके निशाने पर हैं। विद्रोही जान गए तो तुम्हारी भी जान की खैर नहीं।"

भवेश ने अपने दोनों कान पकड़ लिए। "बाप कसम, आज से ऐसा कुछ नहीं बोलूँगा।"

"मगर सुन?" महेश नरम हो गया। "हमारी-तुम्हारी दोनों की एक की राशि है। जहाँ भी माल-पानी का जुगाड़ हो, मुझे चुपके-से खबर देना। बड़े साहब को मालूम नहीं हो। हम दोनों मिलजुलकर वसूली करते रहेंगे। बड़े साहब तक उनकी पहुँच असंभव है।"

महेश दारोगा को यह गुर मालूम था कि महाजनों को कैसे वश में किया जा सकता है। उस दिन से भवेश ने मान लिया कि महेश लाल दत्त ही उसका पोटेंट साहब है। उसके लिए यह ताज्जुब की ही बात थी कि पोटेंट साहब ने गोको के खिलाफ अभी तक कोई एक्शन नहीं लिया। टोडी बच्चा होकर इतनां संयमी कैसे है।

एक दिन पोटेंट बगैर हैट लगाए उछलकर घोड़े पर बैठ गया और अकेला निकल गया। मगर महेश को भी ताज्जुब हुआ कि साहब के साथ न पिस्तौल, न बन्दूक। न संग में कोई सिपाही। चारों तरफ विद्रोहियों का जाल है। राउंड में इस तरह निकलना क्या मुनासिब था?

उसने जोर से आवाज लगायी, ''स र् र् र्.....''

मगर पोटेंट आँखों से ओझल हो चुका था। चुपचाप गोको नायक के यहाँ पहुँच गया। जैसे जंगली हवाएँ पत्तों को कँपाती हैं, उसी तरह सारा गाँव थर्रा गया। सभी बोंगा समझकर अपने-अपने घर के सामने हाथ जोड़े खड़े हो गए। गोको नायक भी दोनों हाथ जोड़े घोड़े के पास लपककर आ गया।

पोटेंट अभी घोड़े से उतरा नहीं, मुस्कुराया। ''मैं आपसे मिलने के लिए आ गया हूँ।''

पोटेंट घोड़े से उतरे, इसके पहले गोको अंदर से दौड़कर खाट ले आया और खाट डँसा कर सफेद चादर डाल दिया। ''बैठिए, सरकार!'' उसने कहा।

''आप भी बैठिए।'' उसने गोको का हाथ पकड़कर अपने साथ बैठा लिया। ''आपके गाँव के पास एक चर्च बनवाने का विचार है; जिसकी देख-रेख के लिए इंग्लैंड से पादरी आएँगे।''

''यह तो बहुत ही अच्छी बात है, सर।''

''आपके बारे में जानकर खुशी हुई थी कि आपको शिक्षा में रुचि है। पादरी बच्चों को पढ़ाएँगे, लिखाएँगे। सफाई, स्वास्थ्य पर ध्यान रखेंगे। दारू-शराब पिलाएँगे। आप हमारा साथ दें।''

गोको खुशी के मारे पगलाने लगा। उसे लगा कि स्वयं मरांग बरु ने उसकी जाति के कल्याण के लिए अपने छोटे देवता को भेजा है। वह जल्दी से उठकर घर-घर दौड़ गया। गोको क्या बड़बड़ाता वहाँ से उठा था, पोटेंट उसकी भाषा समझ नहीं पाया था और उसकी क्रिया पर स्वयं आश्चर्यचकित था।

देखते-देखते पूरा माहौल पर्व-पूजा में बदल गया था। 'कांदू पूजा रे....' सभी चिल्लाते हुए एक-एक मुर्गी, चावल, सिंदूर ले-लेकर पहुँच रहे थे। कांदू उनका प्रमुख देवता होता है। वह जीवन दे सकता है। प्राण ले सकता है। पेड़, पौधा, जानवर सब उसी की देन है। पोटेंट के बारे में गोको ने घर-घर समझाया था, गाँव में जिंदगी देनेवाला पुरुष आया है—कांदू देव की तरह।

पुरोहित ने मुर्गी के माथे पर सिंदूर लगाया, चावल में सिंदूर डाला और स्त्री-पुरुष

मिल-जुलकर नाचने-गाने लगे,

"उपहार ले रेम जाम
नोवा धरती रेमा
आयो बाबा गेयो तेंगो बोंगा,
चान्दो तायोम नुकिन
आयो बाबा निकिन
जोहार आकिन में हो दिनाम आंगा।"

पोटेंट को तो कोई मतलब समझ में नहीं आ रहा था, लेकिन इतना जरूर समझ रहा था कि संतालों का यह जरूर कोई पूजा-अनुष्ठान है; जिसे वे अपने देवता को अर्पित करते हैं। फिर भी उसने, अपने पास बैठे गोको से पूछा, "इसका मतलब मुझे समझाइए।"

गोको कहने लगा, "कांदू हमारे मुख्य देवता हैं। आप भी हमारे देवता के समान हैं। यह गीत हमारी प्रार्थना है। स्मरण करने से हमें जानकारी मिलती है कि इस पृथ्वी पर माता-पिता ही जीवित देवता हैं। प्रभु के बाद माता-पिता को रोज सुबह प्रणाम करो। आप हमारे कल्याण के बारे में सोचते हैं। आप माता-पिता के समान हैं। माता-पिता हमारे अँधेरे को हर लेते हैं और जीवन के रास्ते को रोशनी से भर देते हैं। इसलिए सभी मिलकर आपको प्रणाम कर रहे हैं।"

पोटेंट को भान हुआ, संताली लोग प्रकृति की तरह स्वच्छ और सरल हैं। ये भूल गए हैं कि गोरे उनके दुश्मन हैं। इन्हें ठगने पर तो प्रभु ईशू भी कभी माफ नहीं करेगा। ये कितने बड़े उदार लोग हैं। उसने पूछा, "ये मुर्गियाँ और चावल किसलिए?"

गोको बोला, "ये चढ़ावा है। सब कुछ आपके लिए।"

पोटेंट अपने सम्मान से आह्लादित था। उसने कहा, "इतना चढ़ावा लेकर मैं क्या करूँगा?"

"प्रसाद है सब। अपने समाज के लोगों में बाँटेंगे आप।"

गोरा साहब तो उनके मान-सम्मान से अभिभूत था।

"गोको नायक, आप सब तो खाली सरल मन हैं। हमको वश में कर लिया है। मैं खुद चर्च बनने के बाद आपकी जाति को शिक्षा देने के लिए आऊँगा और रोज एक घंटा समय दूँगा।"

गोको के लिए सबसे ज्यादा खुशी का दिन था आज। मुर्गियों को साथ बाँधकर घोड़े पर लटका दिया गया था। गोको साहब के साथ-साथ नदी तक आया। उसने जाते-जाते पूछा, "साहेब, एक बात बोलूँ?"

"हाँ, हाँ, क्यों नहीं? बोलिए।"

"चर्च बनने में तो समय लगेगा। नाम जरूर सुना है इसका। मगर नहीं मालूम यह क्या है।"

"चर्च हम ईसाइयों का प्रार्थना स्थल है।"

"हमारा तो कोई मंदिर-चर्च नहीं होता। हम तो खुले आकाश के नीचे ही पहाड़, नदी, पेड़, कन्दरा को अपना प्रभु जानते हैं। आप कल ही से रोज आइए ना?"

"आऊँगा, जरूर आऊँगा कल से।" कहते हुए पोटेंट साहब ने सरपट घोड़ा दौड़ा दिया।

संताल परगना के इलाके में पोटेंट की कार्रवाई की जो भी क्रिया-प्रतिक्रिया हुई, लेकिन सरकारी महकमों में इसकी भारी प्रशंसा हुई है, क्योंकि उसके इस कदम से शोषण, दमन और अत्याचार में कमी आयी है। विद्रोही दलों में बहस छिड़ गयी है। वीर सिंह अँग्रेजों की चाल समझ रहा है। परंतु इसके भीतर के कारणों को अभी तक नहीं समझ पा रहा है। सुकेल बोला, "और चाहे जो भी हो, मगर दमन-चक्र शिथिल हुआ है। गोको बा उसके चक्कर में आनेवाले नहीं हैं। मुझे यह भी सूचना है कि गोरा पोटेंट गाँव-गाँव में जाकर लोगों को पढ़ने-लिखने के लिए उकसा रहा है। शराब और जुआ से तोबा करा रहा है। यही बहुत बड़ी बात है।"

"तुम्हें यह सूचना कहाँ से मिली? गोको नायक से मुलाकात हुई?" वीरसिंह ने सवाल किया।

"तालो मेरा यार है। वही बता रहा था।"

"जोबा मिली?"

"इधर मैं उससे जान-बूझकर नहीं मिला।"

"क्यों?"

"मोह-माया मुझे घेरने लगती है।"

"तुम उसे कब तक भरमाए रखोगे। उससे ब्याह कर लो।"

"अभी मैं ब्याह नहीं कर सकता।" सुकेल झुंझला गया। "पहाड़ियाँ तोपों से घिरी हैं। उसे कहाँ रखूँगा?"

"बकवास है यह सब।" वीरसिंह ने उस समझाने की कोशिश की। "हमारी उम्र बड़ी लंबी है। हो सकता है, हम मारे जाएँ या फिर टोड़ी लोग हमें पकड़कर फाँसी पर लटका दें।"

"फिर हमें ब्याह के लिए क्यों उकसाते हैं? यही चाहते हैं कि जोबा विधवा रहे?"

वीरसिंह ने बड़ी सहजता से कहा, "हम उस मुकाम पर पहुँच चुके हैं, जहाँ से लौटना भी उतना ही कठिन है। ता जिंदगी संघर्ष में ही जीना-मरना है। फिर जान-बूझकर जिंदगी को उजास क्यों रखें?"

"तब तालो पर आपको विश्वास नहीं है?"

"पूरा विश्वास है। तुम्हारे सामने कई बार मिल चुका हूँ उससे। तुमने किस काम में उसे लगा रखा है, वह हमारे जनाधार के लिए जरूरी है।"

"तब फिर?"

"जोबा तुम्हारी जिंदगी है।"

सुकेल असमंजस में पड़ गया। वीरसिंह ने फिर आगे कहा, "तुम्हें नहीं मालूम, पोटेंट को जंगली कुत्ते ने हाथ में काट लिया है। वह इलाज के लिए राजमहल गया है। उसका घाव सूख नहीं रहा था।"

"तुम ऐसा करो कि इस बीच जोबा से बात-विचार कर एक, दो दिन में लौट आओ।"

उसने सोचा, जोबा के बहाने बब्बा से भी मिल लेगा। खेती-बारी का भी हाल-समाचार मिल जाएगा। दूसरे दिन वह भोगनाडीह चल पड़ा। रात भर जोबा के साथ रहा। जोबा दो-चार दिन रुकने के लिए कह रही थी। वहीं उसे पता चला कि पोटेंट साहब लौट आया है और किसी हिंदुस्तानी वैद्य की तलाश में है।

रात में ढिबरी तले जोबा ने किताब-पेंसिल दिखलायी तो सुकेल बहुत खुश हुआ।

"सुमो कैसी है?" उससे पूछा।

"अच्छी है।"

"सुबह चल दूँगा, जोबा?"

"ऐसा क्यों?" जोबा व्यग्र हो उठी।

"पोटेंट आ गया है। तुम्हारे बब्बा बता रहे थे।"

"क्या होगा तब?"

"पुरोहित हरामी आदमी है। देख लिया तो फौरन पोटेंट को खबर कर आएगा। तब भारी बबाल हो सकता है। मैं जल्दी ही आऊँगा।"

"पक्का?"

"एकदम पक्का।"

"तब रात में जाना। दिन में तुम्हें देख लेगा।"

"ठीक है।"

सुकेल अपने बब्बा से मिलने गाँव भी नहीं जा सका।

दूसरे दिन जोबा को पता चला कि गोरा साहब गोको बा के पास आने वाला है तो सुमो और तालो के साथ चल पड़ी।

उसके पहुँचने के पहले से पोटेंट वहाँ बैठा हुआ था। तीनों उसके करीब बैठ गए। हाथ पर बैंडेज बँधे थे।

"घाव अभी तक नहीं सूखा," जोबा ने उसका हाथ निहारते हुए पूछा।

"नहीं सूखा।" वह बोला, "घाव नहीं सूखने से सारा काम लटका पड़ा है। चर्च के बावत सरकार को चिट्ठी नहीं लिख पाया गोको नायक ने जरी वैद्य के बारे में बताया है। उनके साथ अभी जाना है।"

"पैदल ही जाएँगे?"

"तो क्या हुआ? मैं तो दिन भर पहाड़ों पर दौड़ सकता हूँ।"

गोको नायक के साथ फौरन उठ गया।

झम्मार बीहड़ जंगल था, पूरा सन्नाटा था। सुदूर इक्के-दुक्के ग्रामीण माथे और पीठ पर गट्ठर लादे दिख जाते। आक्रोश को दबाते हुए पोटेंट ने पूछ दिया, "ये अनावश्यक पेड़ क्यों काटते हैं।"

"क्या करते साहब," गोको बोला, "खाते क्या? एक साल बरखा तो दूसरा साल सूखा। इस पर भी सबके पास खेती कहाँ है? चन्द लोगों को ही थोड़ी बहुत जमीन है। ऊपर से साब-महाजन। लकड़ी और शिकार—ये ही दो तो साधन बचे हैं।"

"जंगल कटते हैं तो बरखा कहाँ से होगी। जंगल और जंगली जंतुओं की सुरक्षा भी तो सरकार की जिम्मेदारी है।" कहते हुए पोटेंट को अचानक ध्यान आया, उसने भी तो कई बार हिरण का स्वयं शिकार किया है; जिसकी छाल आज भी उसकी कोठी की शोभा बढ़ा रही है। जबसे यहाँ प्रभारी हुआ है तभी से हिरन के मांस का स्वाद उसे लग गया है। हिरन का मांस छोड़कर सारे मांस उसे बेस्वाद लगते हैं। उस दिन गोको ने जो भी मुर्गियाँ उपहार में दी थीं उनमें एक मुर्गे को छोड़कर सारी महेश दारोगा के हवाले कर दी थीं। महेश कई दिनों तक हलाल कर स्वयं चखता रहा था। पोटेंट की आँखें अभी भी जंगल को बेधती चारों तरफ नाच रही हैं। आज तो खाली हाथ भी नहीं है। साथ में पिस्तौल भी है और कंधे से लटकती बन्दूक भी है। पीछे बन्दूक ताने बॉडी गार्ड भी चल रहा है।

मगर कहीं नजर नहीं आया हिरन। शिकार का साध अपूरित, अतृप्त ही रह गया।

"और कितनी दूर है।" उसने चुप्पी तोड़ी।

"वही सामने वाला है साहेब।"

बॉडी गार्ड टोडी सिपाही था, वह भाषा बिल्कुल नहीं समझ रहा था।

जरी वैद्य के दरवाजे पर भीड़ इकट्ठी हो गयी थी। जरी झाड़-झुरमुटों में चला गया और जड़ी खोज लाया। पहले उसने एक तरह के पत्तों से रस निचोड़ा और पोटेंट साहब को पिला दिया। इसके बाद तरह-तरह की जड़ियों से लेप तैयार किया। बैंडेज उतारकर जरी ने घाव पर चढ़ा दिया और बाकी लेप को एक बर्तन में उसके हवाले कर दिया, "अब जाइए, सरकार। तीन दिन सुबह-शाम लेप लगाइए, इसी माफिक। चौथे दिन से काटे का निशान भी नहीं दिखेगा।"

पोटेंट पहले सोचता था, जरी कोई जादू-टोना, मंतर-जंतर ही करेगा, मगर कोई करिश्मा नहीं हुआ। यह उसे चौंकाने वाली घटना थी। जरी वैद्य की बातें अक्षरशः सत्य निकलीं। चौदह दिनों तक राजमहल और पटना के डाक्टरों का चक्कर सब कुछ व्यर्थ साबित हुआ। पोटेंट को आज ज्ञान हुआ ढाके के मलमल की कहानी, कहानी नहीं, हकीकत थी। ऐसे दर्जनों वैद्य जंगलों में पड़े होंगे। यही सब कारण हैं कि जंगलियों पर किसी भी जंतु के काटे का कोई असर नहीं होता। यही सब तो हिंदुस्तानियों की बुनियादी ताकतें हैं। यही सब उनसे छीन ली जायँ तो इन्हें हमेशा के लिए गुलाम बनाकर

रखा जा सकता है।

दोनों पहाड़ियों से नीचे—बहुत नीचे भूतल की अतल गहराई में अनायास अंजान उतर आए हैं और आड़ी-तिरछी पहाड़ी सड़क बहुत ऊपर छूट गयी है। दोनों को इसका ध्यान भी नहीं रह गया था। यहाँ तो पहाड़ी पेड़-पौधे और झुरमुटों में कोई सरसराहट भी नहीं थी। जड़ सन्नाटा भी कहीं से भयावह भी नहीं था; क्योंकि दोनों एक-दूसरे के भीतर-भीतर चल रहे थे।

सामने बिखरी मुर्दों के टीलों जैसी ऊबड़-खाबड़ एक बस्ती थी, जो शहर, कस्बा या कोई गाँव कुछ भी नहीं थी। कहीं किसी आदमी, जंतु की गंध भी नहीं थी। वे आनंद के लिए एक टीले पर बैठे तो साँझ गझिन होने लगी थी।

"हम कहाँ चले आए?"

"मुझे क्या मालूम।"

"मैं ऐसा ही एकांत चाहती थी।" जोबा बोली।

सुकेल उसे अपनी बाँहों में समाने लगा था और वह आसन की टहनियों की तरह खामोश थी। सुकेल कर कुछ और रहा था, सोच कुछ और रहा था।

"इस विशाल पेड़ को झाँक रही हो, इसी की हॉकी बनती है।"

"हॉकी क्या होती है?"

"अँग्रेजों के खेल का नाम है। गुल्ली-डंडा की तरह खेला जाता है।"

वह सुकेल के भीतर पसर गयी थी, एकदम निस्पंद।

"परंतु ये तो हमारे देवता हैं—आसन्न देव।"

पता नहीं, प्रकृति के इस अनंत में इनके देवी-देवता हैं। यही तो इस समाज की विशिष्टता है। ये मूलतः संस्कृतिकर्मी हैं, जो दूसरे नहीं हैं। स्त्री इसी तरह की प्राकृतिक और उन्मुक्त होती है और तब भी इस स्थिति का असली भागीदार होती है। तब कोई उम्र, कोई रिश्ता जंजीर की तरह पाँव नहीं जकड़ता। दोनों की उम्र में दस साल का फासला था। मगर वह बेहद खुश और आनन्दित थी। अपनी खिलखिलाहट से पूरे सन्नाटे को तोड़ती हुई जोबा पूछने लगी, "रात अचानक उतरने लगी है। नदी, पहाड़, पेड़, तल, अतल सब कुछ बराबर लगने लगे हैं। हम रहेंगे कहाँ, इसी मुर्दे टीले पर?"

"रात भर अगर उस झोंपड़ी में गुजार लें तो तुम्हें कोई एतराज है?"

"मुझे क्या एतराज हो सकता है। अब हमारे बीच बाकी ही क्या रह गया है।" वह उन्मुक्त खिलखिलायी।

"मुझे तो तुमसे अनुभव पाना है। चलो, जहाँ इच्छा हो।"

"तुम कह रही थीं न, कि ब्याह वैसी विधि से ही करेंगे।"

जोबा फिर उन्मुक्त खिलखिलायी, "अब हमारा ब्याह बाकी है क्या?"

''बाकी है।'' सुकेल ने कहा, ''घर-समाज को कहाँ मालूम है सब कुछ। अभी तक तो दो अलग-अलग रेखाएँ थे। आदमी की अनिच्छा भी कभी इच्छा बन जाती है और दोनों रेखाएँ एक रेखा में बदल जाती हैं। नहीं तो तुम पहले से सोच पायी थीं यह सब, न मैं।''

''समझी नहीं तुम्हारी बात, बहुत ऊँची बात करने लगे हो। वीरसिंह तुम्हें पढ़ाते होंगे न?''

सुकेल हँसा। ''हाँ रे, पढ़ाते तो हैं।''

''मैं भी तुम्हारे साथ रहने लगूँगी तो उनसे भी पढूँगी।''

बातूनी लड़की लगी। वह बोला, ''इधर ज्यादा बोलने लगी हो।''

''इधर-उधर क्या? पहले से ही ज्यादा बोलती हूँ।'' वह फिर खुलकर हँसी।

एक झोंपड़ी के अन्दर झाँका तो ढिबरी जल रही थी। खाँसी और खड़खड़ाहट हुई कोई छाया उठी और हाथ में ढिबरी उठाए बाहर निकली।

''कौन हो तुम लोग?''

''भोगनाडीह इधर है।'' पहले जोबा ही बोली, ''यह रात हुई तो रुक गयी।''

''अकेली रहती हूँ।'' वह बोली, ''लौंडा सवेरे शिकार पर गया तो लौटा नहीं। दोनों अंदर आ जाओ?''

''नहीं आयो, बाहर ही ठीक है।'' सुकेल ने कहा।

वह अंदर से खाट ले आयी और ढिबरी सिरहाने छोड़ गयी। ''दोनों औरत-मरद हो।''

''हाँ, आयो।'' जोबा झटपट बोल गयी।

''सो जाओ।''

जोबा ने ढिबरी बुझा दी और उसके बगल में लेट गयी।

''तुमने ढिबरी क्यों बुझा दी?''

''लाज लगती है।''

सुकेल ने उसे एकदम करीब खींच लिया।

निर्भीक भी वह कम नहीं थी, उतना ही भावुक भी। मगर सामाजिक डर भी कोई चीज होती है। बोली, ''मैं तुम्हारे ही साथ चल चलूँगी। लौट कर नहीं जाऊँगी।''

''क्यों?''

''ब्याह के पहले ही कुछ रह गया तो? क्या कहेंगे लोग।''

''चुप ना?'' सुकेल ने डाँटा, ''एकदम डरपोक लड़की हो तुम भी, क्या चाहती हो अभी ब्याह कर लूँ। उठ अभी, चलते हैं किसी माँझी के पास। अभी उससे ब्याह कराने को कहते हैं।''

''सुकु, तू बड़ा गुस्सैल हो गया है रे। जिसकी हिरनी सहेली हो, बाघ-शेर से यारी हो, वह डरपोक कैसी। मैं तो घर-समाज के लिए कह रही थी।''

सुकेल उठकर बैठ गया। "मैं कोई छली मरद नहीं हूँ मरांग बरु जानते हैं। मगर खतरा है मुझ पर। गोरे, साब-महाजन, जमींदार ही हमारे जंगल के खूँखार जानवर हैं। पुरोहित असली नाग है; क्योंकि वह बोंगा भी नहीं रहा, दलाल, ठेकेदार और महाजन हो गया है। ब्याह तो हम किसी क्षण रचा सकते हैं।"

भावुक जोबा ने उसे अपने ऊपर खींच लिया और कसती हुई कहने लगी, "ले, क्वाँरे में जितना पैदा करना हो, कर ले।"

"तुम औरतों की गजब सीमाएँ हैं। बच्चा, परिवार से ऊपर क्यों नहीं उठतीं तुम लोग?"

चाँद ऊपर आसमान से ठहाका मार रहा था। सीधे उनके ऊपर उजाले से सराबोर कर रहा था। उसे ठेलते हुए बोली, "उठो अब चाँद से मुझे लाज लग रही है। चलो, पहाड़ पर इधर-उधर घूमते हैं।"

"नाग ने दोनों को एक साथ लपेट लिया तो?"

वह हाथ पकड़कर खींचती है, "उठ ना? मेरी सहेली ढूँढ़ती होगी यहीं कहीं। कई दिनों से नहीं मिली उससे।"

"उसे मालूम है कि मैं क्या सोचती हूँ।"

"मुझसे ऊबने का बहाना तो नहीं निकाल रही हो?"

"कसम से, बिल्कुल नहीं।" वह हाथ पकड़कर खींच रही है। "शेर के दहाड़ने की प्रतीक्षा है मुझे। यहाँ तो बिल्ली की म्याऊँ भी नहीं सुनाई पड़ी मुझे।"

वे उठकर पहाड़ चढ़ने लगे। चाँद रोशनी लिए आगे-आगे चल रहा था। "सुनती हूँ, बाघ, शेर, चीता, हाथी को भी पिंजड़े में बंद करके रखते हैं जंगल से बाहर वाले लोग क्या सचमुच?"

"हाँ, मैंने सुना है।"

वह सिहरती हुई सट गयी सुकेल से। "बड़े निर्दय हैं ऐसे लोग। मुझे तो बड़ा गुस्सा आ रहा है।"

"ये गोरे, महाजन-जमींदार उन्हीं के वंशज हैं, जो हमारे बीच आ बसे हैं।"

सामने कोई छाया दिख रही थी।

"सखी होगी।" जोबा गुनगुनायी, "सोनेरो रूप रूपेरो रूप, सोनेरो रूप गानेय मेनाय....।"

वह छाया हिरन ही थी।

जोबा लिपट गयी, उससे, "कहाँ थी इतने दिनों से? तुम्हें कैसे मालूम कि मैं यहाँ हूँ।"

"तुम्हारे मन के भीतर हूँ तो कैसे मालूम नहीं होगा मुझे।" जैसे कह रही हो छाया हिरन की।

वे एक ऊँचे टीले पर बैठ गए थे।

"कोई कहानी सुना ना, सुकु?"

"कहानियाँ तो तुम्हीं लोग सुनाती हो।"

"सुनोगे?"

"कह न।"

"तो सुन! तुम भी सुनना सखी। तुम्हारी भी व्यथा है इसमें।" जोबा कहने लगती है। जंगल-पार की कथा सुनाती हूँ तुम लोगों को। कोई राजा था दशरथ। उसी के जमाने का किस्सा है।....

"एक दिन एक पेड़ के नीचे कोई हिरनी उदास खड़ी थी। कहीं से चरते-चरते अचानक उसका हिरन आ गया। बोला, 'क्या तुम्हें भूख लगी है कि प्यास। काहे उदास हो?"

"हिरनी बोला, 'न मुझे भूख लगी है, न प्यास। मुझे तो तुम्हें लेकर चिंता हो रही है। कल राजा दशरथ के यहाँ छठी का त्यौहार है। उसे बहुत छछन के बाद लड़का हुआ है, उसमें तुम मार दिए जाओगे।'

"हिरन इतना हँसा....इतना हँसा कि जंगल भी थरथरा गया, बाघ, शेर, सब दहाड़ने लगे। हिरन ने उसे समझाया, 'अरे पगली! इसमें तब व्यथा की क्या बात है? राजा-महाराजाओं के आहार के लिए तो हमारा जन्म ही हुआ है?'

"कोई उपाय नहीं है कि मेरा सुहाग बच जाय!' हिरनी सिसकने लगी।

"एक उपाय है।'

"क्या?'

"वे लोग राजा-महाराजा हैं।' हिरना उपाय समझाने लगा, 'उनसे आरजू-मिन्नत करना कि तुम्हारे मरद को अभयदान दे दें तो शायद उन्हें दया आ जाय और मुझे अभयदान मिल जाय।'

"हिरनी को कुछ आशा बँधी। वह राजा दशरथ के दरबार में गयी। उस समय कोसिला रानी हिंडोला झूल रही थीं। हिरनी उन्हें देखते ही फफक पड़ी। रानी की नज़र उसकी ओर गयी, 'कौन हो तुम?'

"हिरनी थर-थर काँपने लगी, 'बोल न, कौन हो तुम?'

"हिरनी फफकती हुई कहने लगी, 'हे रानी! कल आपके बेटे का छनिहार है। उस में मेरा मरद मार दिया जाएगा।....।'

"तब क्या चाहती है तू?'

"हिरनी की आँखों से अविरल अश्रु-धार थमी नहीं थी। सहानुभूति पाकर और तेज उफनने लगी थी। किसी तरह बोल सकी, 'मंसुआ तो रिंधने के लिए आप रख लीजिएगा और खलड़िया हमको दे दीजिएगा।'

"ऐसा किसलिए रे!' रानी उसके भोलेपन पर ठठा-ठठाकर हँसने लगी। हिरनी डर गयी तो रानी ने उसे ढाढस दिया, 'खलड़िया का क्या करेगी तू?'

''वह बोली, 'खलड़िया मैं उस पेड़ में लटका दूँगी, जहाँ मैं अपने मरद के साथ रहती हूँ। जब मेरे मरद की याद आएगी तब-तब उसे देख-देख कर उसकी याद बिसूरती रहूँगी।'

''रानी को लगा हिरनी जितनी मूर्ख है, उतनी ही चालाक भी। थोड़ा गुस्साई रानी, 'भागती है कि नहीं तू यहाँ से? अरे, हमारे लल्ला जब घुटने के बल चलने लगेंगे तो उसी खलड़िया की डफली बनाकर नाच-नाचकर बजाएँगे।' ''

''अब बूझना कि सुकु, जब-जब उसके लल्ला राम डफली बजाते, हिरनी सिहर-सिहर उठती। पूरा जंगल झनझना उठता, हिरनी को लगता, जैसे उसकी छाती दरक-दरक जाती हो।''

सुकेल कहानी सुनकर स्तब्ध रह गया था, जैसे उसकी बोलती बंद हो गयी हो।

जोबा उसका मुँह निहारती रही।

''कुछ सोचने लगे हो तुम!''

सुकेल खोया-खोया-सा बोला, ''हाँ रे! अजीब सुनायी तुमने कहानी! मुझे तो उस राजा-रानी की कहानी सुनकर अपने यहाँ के सूदखोर, महाजन और जमींदारों की याद आने लगी है। ये भी उतने ही पत्थर दिलवाले आदमी हैं।''

''सखी, तू भी सुन रही थी न, वह कहानी?''

जैसे हिरनी कह रही हो, ''सब सुन रही थी, मगर तुमने आज तक ऐसी दर्दनाक कहानी नहीं सुनायी थी।''

''नहीं सुनायी थी।'' जोबा सहज बोल गयी थी। चाँद पूरी तरह खिल गया था।

''कभी-कभी जंगल हमें बहुत रुलाता है न?'' जोबा ने पूछा।

''बहुत रुलाता है।''

जोबा उठकर खड़ी हो गयी।

''क्या विचार है?''

''और भीतर तक धँसने का।''

''कहाँ?''

''इसी जंगल में।''

''कितनी दूर?''

''जितनी दूर तक हम हिम्मत कर सकें।''

वह हाथ पकड़कर चलने लगी थी।

वह निडर हो गयी। बेधड़क! जंगल की गुमनाम लड़की जैसी। मुझे बेमतलब लग रहा था जंगल-जंगल इस तरह घूमना। वह भी रात में। जिस प्रकार रात का आखिरी पहर आलस्य भरा होता है, जोबा के लिए स्फूर्तिदायक था। वनवासी अपने-अपने धंधों के लिए शुरू हो चुके थे। औरतें नदी में कलरव के बीच घड़ों में पानी भर-भर लौट रही थीं। अँधेरा हल्का-हल्का सफेदी में बदलने लगा था। पक्षी वृक्षों के घोंसले छोड़ने लगे थे।

सुदूर से वनवासियों के स्वर हमें छूने लगे थे।

"क्या सोच रही हो?" सुकेल ने पूछा।

"झोंपड़ी के पास लौट चलें अब।"

"थक गयी हो?"

"मत पूछो।"

वह बदन उमेठने लगी। उसके जोड़ों से हल्की आवाज हुई।

दोनों खाट पर लौटकर सो गए।

आँख खुली तो पौ फट चुकी थी। औरत अँजुरी भर फूल लिए खड़ी थी; जैसे देर से प्रतीक्षारत हो।

"क्या है यह?" सुकेल ने जान-बूझकर पूछा।

"जंगली फूल। तुम्हारी औरत के लिए।"

जोबा मुस्कुरायी भी, लजायी भी। उसके हाथों से अपनी अँजुरी में जोबा ने सारे फूल समेट लिए। "क्या करूँ इनका। इन्हें तुम्हीं जूड़े में लगा देना।"

"लेती चलो।"

"चलकर नदी में नहाते हैं।"

वह औरत सामने खड़ी-खड़ी मुस्कुरा रही थी। मूड़ी में लम्बी-लम्बी जटाएँ बरगद की तरह लटक रही थीं जिन्हें लपेट कर मूड़ी ऐसे खजुला रही थी, मानों अभी बरोद को नोचकर फेंकने वाली हो।

सुकेल इसे सहन नहीं कर पा रहा था। झुँझलाकर बोला, "तुम्हें देखकर बहुत दुख होता है, आयो। सामने नदी है। मूड़ी में माटी लगाकर मल-मलकर साफ क्यों नहीं कर लेतीं? ढील यहीं से दिख रहे हैं, चींटी की तरह गदराए हुए हैं।"

वह ऐसे हँसी, जैसे कोई परवाह नहीं हो, "अरे बेटा, सर्दी, खाँसी हो जाती है नहाने से। बाल में दिन-दिनभर पानी अँटका रहता है।"

कोई क्या उत्तर दे सकता है? कैसी-कैसी समस्याएँ हैं लड़ाई के लिए। वह जोबा से बोला, "हम यहीं घर बसा लें, इन्हीं के बीच। हम जल्दी मरने की इच्छा लेकर ही पैदा होते हैं। इन्हें जीना कौन सिखाएगा?"

नदी किनारे धूप काफी टहटह थी? जोबा के शरीर का जोड़-जोड़ टूट रहा था। नदी में घुसी तो चुपचाप बैठी रही। शिथिल हुई बोली, "निकलने को जी नहीं चाह रहा, सुकु।"

"ले मेरा गमछा। उधर लपेटकर कपड़े सुखा ले। धूप अच्छी खिली है। बब्बा ढूँढ़ेंगे तुम्हारे?"

"बब्बा जानते हैं कि तुम्हारे पास हूँ।" थोड़ी देर हाथ से ठुड्डी लगाए सोचती रही, "रे सुकु, ले चलना मुझे अपने साथ।"

"समय आने दे।"

"इस बीच मुझे कुछ हो गया तो?"

सुकेल सहमा। कथन तो सही है उसका। वीरसिंह ने ब्याह रचाने पर जोर दिया था। अनायास एक विचार आया। सुकेल का चेहरा खिल गया। उसने बोधा, "बब्बा को सब कुछ समझा देना कि हमारे ब्याह हो चुके हैं।"

"माँझी, सिंह बोंगा विश्वास करेंगे?"

"नहीं विश्वास करें ठेंगा से?"

"बब्बा को भोज़ देना पड़ेगा। आज भर के लिए भोगनाडीह चल ना, सुकु? बब्बा से मिलकर लौट आना।"

"ऐसा करते हैं, गोकोबा को पहले सब कुछ बता देते हैं। सब सँभाल लेगा। दोनों के बब्बा को वही समझा सकते हैं।"

जोबा को भी समझ आ गयी। दोनों जल्दी तैयार हो गए।

घाटी के दोआब में नालेनुमा हल्की-फुल्की नदी थी। उस नदी में घड़े डुबोए, कपड़े धोती, नहाती कुछ औरतें दिख रही थीं। सुकेल उनसे मिलकर कुछ कहने को मन बना रहा था; परंतु जोबा को जल्दी थी। बब्बा का डर समाया हुआ था। जोबा हर बार उसका हाथ पकड़कर आगे खींच रही थी। सामने के गाँव से कतराकर वह निकलना चाहती थी। लेकिन सुकेल ने उसका ध्यान उस ओर केंद्रित कर दिया, "इस गाँव में आदमी-जन जैसा लगा रहा है?"

"मुझे तो कोई आदमी नहीं दिखा अभी तक।" जोबा ने हामी भरी।

"कई साल पहले क्रूक नाम का एक खूँखार अँग्रेज था। उसी ने तोप से उजाड़ा था इस गाँव को। तब से अभी तक वीरान है।"

जोबा ने पहली बार तोप का नाम सुना। चलते-चलते देर तक उसे तोप के बारे में समझाता रहा सुकेल। तोप की भयावहता उसे सिहरा जाती। सामने से एक औरत माथे पर लकड़ी का नेटो लिए गुजरी। सुकेल ने ही जोबा से बातें रोककर टोक दिया, "अरे ओ बोयहा? रुक ना?"

वह औरत रुक गयी और नेटो को पटक दिया जमीन पर। खुशी में बोल पड़ी, "तू सुकेल तो नहीं।"

"हाँ बोयहा। सुकेल हूँ मैं।"

"डकैत जमात में रह रहा है इन दिनों?"

सुकेल ठठाकर हँसा, "डकैत नहीं, विद्रोही।"

"इसका मतलब वीरसिंह के संग?"

"हाँ रे बोयहा।"

वह उसके करीब आ गयी। "यह लड़की कौन रे?"

"जोबा है।"

"कहाँ की?"

"भोगनाडीह की है।"

"जिसने विलायती साहब को मारा?"

"हाँ रे वही।"

"तब तो बड़ी प्यारी है तू रे।"

प्यार से जोबा की ठुड्डी पकड़ ली।

"एक रोज तुम्हारे घर लाऊँगा इसे।"

जोबा सिकुड़ी-सहमी खड़ी थी चुपचाप। दोनों ने मिलकर नेटो उठा दिया उसके माथे। उसने पलक मारते अपनी दिशा पकड़ ली। सामने फिर सखुआ के फूल खोंसे स्त्री-पुरुष के झुंड सुबह-सुबह हँड़िया पीकर मांदर, ढोल, ढांक, नगाड़ा के ताल पर भाव-विभोर हैं। बगुले-सा श्वेत पंखी और लाल पाढ़वाली साड़ी देखकर आश्चर्य हुआ था। सुकेल के अधिकांश जानकार स्त्री-पुरुष भी हैं। कोई लड़की दौड़कर जोबा के जूड़े में सखुआ के फूल खोंस देती है और उसका हाथ खींचकर नाच-गाने में शामिल कर लेती है। जोबा बेसुध होकर नाचने लगती है।

सुकेल अकेला दर्शक की तरह मुग्ध है और जोबा के कारण आश्चर्यचकित भी।

प्रकृति और मनुष्य का शोषण तब भी जारी है। तब भी मनुष्य की लड़ाई इनके विरुद्ध कभी नहीं रुकी। नंगे आदिवासियों का प्रतिकार जारी है। भवेश महाजन दिन-दिन खूँखार शोषक हो रहा था। वह भूखे-प्यासे संतालों को बहला-फुसलाकर निलहे साहबों को सौंपने का धंधा करने लगा था। पोटेंट और उसके बीच सिर्फ महेश लाल दत्त ही था; जो एक तरह से संरक्षक ही था उसका। फिर भय जैसी कोई चीज़ ही नहीं थी। उसके लिए, एकदम अभय था। जब चाहे, जिसकी चाहे अनाज, जानवर और लड़की उठाकर चल देता। यहाँ तक कि गोको नायक तक इसकी सूचना पहुँचाने वाला कोई नहीं था। गोको के गाँव और सातकोठिया के बीच चर्च निर्माण का कार्य तेजी पर था। पोटेंट के साथ गोको का समय ज्यादा बीत रहा था। इन दिनों वह बेहद स्वप्निल था। संताल जीवन बदलने के सपने उसके भीतर कुलबुला रहे थे। चर्च के भीतर संताली बच्चे-बच्चियाँ कागोज-पुथी लिखेंगे-पढ़ेंगे। वीरसिंह या सुकेल से भी इधर कई दिनों से संपर्क नहीं था। पोटेंट को भी लगने लगा था कि विद्रोहियों पर भी उसका जादू असर कर रहा था। लेकिन भीतर-भीतर एक टीस उसी दिन से पनप आयी थी, जिस दिन कुत्ते के काटे घाव मन्दर से भी मुर्झा गया था। वह टीस था जरी वैद्य। जरी की तरह के और भी वैद्य-हकीम होंगे संताल परगने में। गोको से सीधे पूछताछ करने में उसे संदेह घेर रहा था। उसे अँग्रेज लेखक ई. जे. मान की किताब 'संतालिया एंड द संथाल्स' याद आती रहती है—इस उपजाति के साथ व्यवसाय करने में महाजनों का लोभ एवं लूटवृत्ति, कर्ज के लिए व्यक्तिगत और वंशगत दासता-प्रथा, पुलिस में अतिशय भ्रष्टाचार एवं अमानुषिक

अत्याचारी चरित्र, महाजनों के कुकर्मों में पुलिसिया मदद एवं संरक्षण, न्यायालय में संतालों के लिए न्याय असंभव तथा संतालों की फिजूलखर्ची। परंतु पोटेंट की नज़र में सबसे पीड़ादायक बात यह थी कि इनके भीतर कला-कौशल, ज्ञान-विज्ञान को बढ़ावा मिला तो इन पर बहुत दिनों तक राज करना मुश्किल हो जाएगा। मुगल तो ऐसे लोगों के ज्ञान और हाथ छीनने में भी नहीं चूकते थे। संताल परगना प्रमुख अंचल दामिनिकोह के तहस-नहस होने का इतिहास उसके सामने था। वीरसिंह माँझी जैसे छोटे विद्रोहियों से ऐसा कोई खतरा नहीं दिख रहा था जिससे बहुत बड़ी चिन्ता तन जाय। मगर जरी वैद्य तो नासूर की तरह था। अगर जरी जैसे लोगों का अस्तित्व ही मिटा दिया जाय और ईसाई मिशनरियों का जाल बिछा दिया तो फिर इनके विद्रोह के पंख उगने का कोई प्रश्न ही नहीं रहेगा।

पोटेंट साहब को कोई विद्रोही आदमी की तलाश थी जो गोको नायक जैसा आदमी कभी नहीं हो सकता था। उसने भवेश महाजन को अपनी कोठी पर बुलवाया और बोला, "तुम पर एक जिम्मेदारी सौंपना चाहता हूँ। इसके लिए तुम्हें जंगल का जितना बड़ा भू-भाग चाहो इनाम में दे दूँगा। ब्रिटिश सरकार से कोई बड़ा-सा खिताब भी दिलवा दूँगा। तुम्हारी जागीरदारी में सरकार भी दखल नहीं देगी।"

पोटेंट साहब की दरियादिली पर उसे विश्वास ही नहीं हो रहा था। उसने खुशी के मारे उसके पाँव पकड़ लिए, "जल्दी कीजिए, माय-बाप।"

"तुम्हारे सैर-सपाटे के लिए एक बढ़िया हाथी भी दान में दूँगा। बल्कि आज ही हाथी तुम्हारे दरवाजे शाम तक भेजवा रहा हूँ।"

तब भी भवेश महाजन को विश्वास नहीं हो रहा था। यह गोरा साहब तो दरिया से कोई ऊँची चीज है। अथाह समुद्र है। महेश दारोगा को पता चला तो खुद को भवेश महाजन के सामने बौना महसूस कर रहा था। यह साहब पगला तो नहीं गया है? ऐसा दरिया मिजाज गोरा तो पहले महेश दारोगा ने भी नहीं देखा। भवेश के पहुँचने के पहले ही हाथी उसके दरवाजे पर आ गया था और सामने खड़ा पीलवान उसे सलाम ठोंक रहा था।

भवेश आश्चर्यचकित है। इस कलयुग में भी कृष्ण-सुदामा की कहानी उजागर है। सुदामा के अपनी कुटिया पहुँचने के पूर्व ही कृष्ण का दान हाजिर है। भवेश की औरत हाथ में थाल लेकर हाथी के मस्तक पर दरर रही है। चारों तरफ खड़ी औरतें अच्छत-फूल हाथी पर छिड़क रही हैं। भवेश के दरवाजे पर पहली बार संताली मेला-हटिया बुझकर आये हैं। पहली बार भवेश के घर से संतालियों के बीच बताशे बँटे हैं। जैसे रेत में गुलाब उगा हो।

पोटेंट साहब का जमींदार-महाजनों के बीच डंका बज रहा है। दूसरे महाजन-जमींदार भवेश के कायाकल्प पर ईर्ष्या भी करने लगे हैं, मगर अक्षम और बेमतलब। भवेश दिन में दो-तीन बार हाथी पर सवार गाँव-जवार रौंद लेता है। कर वसूली के प्रतिशत में

दिन-प्रतिदिन वृद्धि हो रही है। कभी-कभार महेश को अपने साथ बैठा लिया तो महेश दारोगा भवेश का कृतज्ञ हो जाता है। जब-तब भवेश महाजन भी आपे से बाहर होने लगता है, "बोलो, बोलो दारोगा बाबू, क्या चाहिए तुम्हें? मेरे पास जमींदारी, जागीरदारी और इजारेदारी–सबकुछ है।"

दारोगा खाली दाँत निपोर देता है।

"यह सब किस्मत-किस्मत की बात है महाजन जी।"

"सिर्फ किस्मत नहीं, उस जन्म का पुण्य-प्रताप भी। फिर से कृष्ण-सुदामा का अवतार हुआ पोटेंट साहब और भवेश महाजन के रूप में।"

महेश दारोगा को लगता है, इसकी किस्मत और ज्ञान में एक साथ वृद्धि हुई है, वर्ना कल तक साला महाजन कहलाने लायक नहीं था, एकदम से बनिया बकाल था।

हाथी पर सवार सूद की उगाही में निकले महाजन भवेश उचक-उचक कर देखता, जैसे वह कोई स्वयंभू प्रजापति हो। सरकार बहादुर का खास प्रतिनिधि तो वह था ही। एक बार तो पोटेंट साहब ने उसे मृग-छाल देकर राजमहल भेज दिया था। मेम साहिबा को कोठी पर मृग-छाल सौंपने के बाद पूरा राजमहल हाथी पर ही घूमा था। टानियों को हिम्मत नहीं पड़ी थी उसे हाथी से उतारने की। वह खुद को पोटेंट साहब का दुलरुआ बुझता था।

एक दिन पोटेंट साहब ने उसे कैम्प पर बुलाया, आधी रात के लगभग। उस समय साहब पी रहा था। इस आधी रात का सबब नहीं समझ पाया भवेश। साहब को इस रात में क्या जरूरत पड़ गयी कि गाड़ी भेज कर बुलवाया। पोटेंट ने नशे में जो बात कही वह भवेश जैसे शैतान को भी दहला देने वाली बात थी। उसने आदेश के लहजे में कहा था, "मुझे जरी वैद्य के दोनों गट्टे काट कर ला दो?"

"गट्टे का क्या करेंगे, सर?" भवेश आसमान से गिरा था।

"ब्रिटिश राज को ऐसा ही नजराना चाहिए।"

कुछ सोचने के बाद बोला वह, "अभयदान मिले तो एक अरज करें, सर!"

"बोलो, सूदखोर भवेश, माई ग्रेट शायलॉक?"

"गट्टा काट लेने पर भी इसका कुछ नहीं बिगड़ेगा, हजूर। दिमाग तो उसी के पास ही रह जाएगा न?"

"तुम्हारा मतलब?"

"हुक्म हो तो जरी को उठवाकर किसी घाटी में हमेशा के लिए सुलवा दूँ।"

"यह भी रास्ता ठीक है।"

भवेश जाने लगा तो साहब ने फिर टोक दिया, "अभी तुम्हें इसी तरह के बड़े-बड़े काम करने हैं शायलॉक?"

भवेश काँप गया, "आज्ञा है न, हजूर।"

"इस काम का अंजाम देते ही मेरे पास आ जाना।"

भवेश किसी तरह वहाँ से निकल आया।

मगर भवेश का दिमाग उड़ा-उड़ा रहने लगा। कहीं जागीरदारी-जमींदारी के लिए और भी कितनी कुर्बानियाँ चाहिए गोरा साहब को? पूरा संताल परगना जिला ईसाई बन जाय, भवेश के बाप का क्या? भवेश हिन्दू-धर्म को कलंकित नहीं कर सकता। मगर यह गोरा साहब और कितनी हत्याएँ करवाएगा उससे? उसके पास बंदूक, तोप, फोर्स सब कुछ है। फिर हत्यारी उसके सिर क्यों मढ़ना चाहता है पोटेंट?

दो दिनों तक हाथी पर पाँव तक नहीं रखा भवेश ने। चुपचाप पड़ा रहा अंदर। औरत ने पूछा तो माथे में चक्कर बता दिया। औरत बातूनी कम नहीं थी। कारण जानने के लिए लगातार कोंचती रही। भवेश झल्लाकर उठ बैठा खाट से। "हाय राम! ये सब बुढ़ापे के लक्षण तो नहीं हैं?" औरत रुआँसा होकर बोली।

"तब क्या चाहती है कि ययाति हूँ मैं। जिंदगी में बुढ़ापा नहीं आए?"

यह औरत उसकी तीसरी थी। पहली गाँव में ही थी। दूसरी गोंड जाति की थी, राजमहल में ही छोड़ रखा था। तीसरी को नौकरी का लालच दे गाँव से भगा लाया था। खजाने की चाभी उसे सौंप दी, तभी वश में हुई। मगर खिच-खिच थमा नहीं आज तक। जब-तब टाँग लगाती ही रहती है।

"सुन बुढ़ऊ?" औरत फुफकारने लगी, "दो दिन से पड़ा-पड़ा बुढ़भल दिखा रहे हो। दो दिन में कितने पैसे वसूल लाते हो, मालूम है?"

"मुझे कहाँ मालूम, महारानी जी। मुझे जो भी मिलता है, तुम्हारे आँचल में डाल देता हूँ। गिनने का मौका ही कहाँ मिलता है?"

"अच्छा तो सुन लो, बात में बात चली तो बताय दे रही हूँ—जब से हाथी मैंने पूजा है, रोज-रोज की पन्द्रह-बीस रुपए की आमदनी है। गोरा बाबू को प्रभु लंबी उम्र दे...।"

"अच्छा महारानी जी, कल ही फिर गाँवों का दौरा शुरू कर देता हूँ।"

औरत बिगड़ी, "कल से नहीं—आज से, अभी से।"

"बाप रे।" उठकर भवेश बाहर झाँकता है, "सूद खाकर तुम्हारा भी करोज कठिन हो गया है। शाम हो चली है। एकाध गाँव जाते ही रात हो जाएगी। बाघ-चीता निकलते रहते हैं।"

औरत ठहाका मारकर हँसी। "तुम्हारा मांस तो जंगल का गिद्ध भी सूँघ कर छोड़ देगा। पखटा मांस जंगली जानवर नहीं खाते।"

थोड़ा भवेश झुँझलाया भी, "मेहरारू हो कि सियार की दुम? जंगली जानवर बड़े खूँखार होते हैं....।"

"तुमसे भी बड़े? फिर जंगलियों को क्यों नहीं मारते?"

"सीधी-सी बात है, दोनों साथ-साथ रहते एक-दूसरे को जान गए हैं। आदिवासी हम महाजनों को अपना दुश्मन समझते हैं, इसलिए हम पर सीधे वार करते हैं।"

औरत पगली की तरह हँसी, "बाघ हाथी से डरते हैं। तुम तो हाथी पर सवार

रहोगे। तुम्हें कैसा डर?''

भवेश गुस्से में आ गया, मगर इजहार नहीं किया। चुपचाप पीलवान को तैयार किया और निकल गया।

''औरत ने जब गुस्सा दिलाया तो जरी वैद के घर अभी चल?''

''किसलिए, मालिक!'' पीलवान ने पूछा, ''मालकिन का भीतरी मिजाज अचानक खराब हो गया क्या?''

''नहीं रे!''

''तब?''

''बड़े साहब का हुकुम है।''

''अच्छी बात है।'' वह सहज होकर बोला, ''चल कर अभी हाथी के सूँड़ पर उठा लाता हूँ।''

''हाथी तुम्हारी बात समझेगा?''

''इसका बाप समझेगा।''

गदबेर करियाने लगा था। ग्रामीण अपने-अपने घर में पड़े थे। जरी वैद अँधेरे में जड़ी कूट रहा था। हाथी ने लपककर उसे उठाया और वैद छटपटाता रहा, लेकर चल दिया।

''अब क्या करना है इसे—साहब के पास चलें?''

''नहीं रे।'' उसने बिगड़कर कहा, ''इसे किसी ऐसी जगह से फेंक, कि हड्डी का भी पता नहीं चले।''

पीलवान ने ऐसा काम जिंदगी में पहली बार किया। गोरे बड़े मालिक हैं। उन्हीं की कृपा से दाल-रोटी मिल जाती है। गुलामी सहते-सहते वह भी अत्याचारों का अभ्यस्त हो गया है।

कुछ-कुछ अन्हरिया। परंतु पीलवान का रास्ता जाना था। कोई चिंता नहीं थी। बाघ-चीता से बचकर निकल आए।

''क्या बात है?'' औरत को अचरज हो रहा था। ''बहुत जल्दी निकल आए?''

''बड़े जोर से प्यास लगी है। पहले पानी पिलाओ तो बताता हूँ।''

औरत लोटे में पानी ले आयी। भवेश गट-गट एक सुर में सुढ़क गया।

वह बिछावन पर चित लेटकर हफर-हफर हाँफने लगा। औरत को हँसी आ गयी। ''सचमुच का मउगा मरद हो तुम। डरे-भागते हिरन की तरह हाँफ क्यों रहे हो?''

''मैं जो कह रहा था वही घटा।''

''बाघ मिला?''

''मत पूछ।'' भवेश बताने लगा, ''बाघ हमें देखकर दूर से ही गुर्राया और पलक मारते ही हाथी के मस्तक पर झपट्टा मार दिया। यह कहो, कि हमारी किस्मत अच्छी थी कि तुम विधवा होने से बच गयीं। मैंने भी कम साहस नहीं दिखाया। अँधेरे में ही बंदूक

तान ली और बाघ की चमकती आँख पर ऐम ले लिया।''

''ऐम का मतलब?''

''निशाना लगाया। पीलवान तो डर के मारे काँप रहा था।''

''इसके बाद?''

''इसके बाद क्या, बाघ पीछे मुड़कर भागा और हम आराम से अपनी राह चल पड़े।....किस्सा गया वन में, बूझो अपने मन में।''

औरत खिलखिलायी, जैसे उसकी मूर्खता का मजाक उड़ा रही हो। औरत, लहालोट उसके बदन पर लेट गयी।

''उठ ना, मुझे नींद आ रही है।''

''रात भर सोने नहीं दूँगी आज।''

''थका हूँ रे जालिम।....।''

''जैसे बाघ मार लाए हो, है न?''

''बाघ से मलयुद्ध कर लौटा हूँ। मामूली बात समझ रही हो? जंगली जीवन का यह पहला अनुभव है मेरा।''

औरत न जानें क्या सोचकर बगल में उलट गयी और उसने भद्दी-सी गाली दी, ''मउगा-स्साला....हरामी चोद!''

भवेश तो यह सब सुनने का अभ्यस्त था, फौरन खर्राटे लेने लगा। मगर औरत को नींद नहीं आयी। वह उठकर जंगल के सन्नाटे में झाँकने लगी, जैसे उसे उसी बाघ की प्रतीक्षा हो। बाघ आए तो सीधे बता दे, आ जा, स्साला मरद यहाँ सोया है। उसे उठा ले जा। मेरी जिंदगी का जंजाल छूटे। विधवा तो लाचार औरत कहलाती है। बहुत गोरा साहब भटकते-फिरते हैं जंगल में। कई तो कई बार आँखों से छककर भोग चुके हैं उसे। किसी सुंदर-सलोने के साथ जिंदगी बना लेगी। अब बर्दाश्त नहीं हो रहा उसे। कब तक हलचल को मुट्ठियों में बाँधे रहेगी? तन और धन से बड़ा सुख क्या है? गोरों से दोनों चीजें सहज हैं।

भवेश अभी तक सोया ही था और औरत लापता हो गयी। उसकी नींद खुली तो एक हाथ से आँखें मलता दूसरे से औरत को टटोलता उठा तो उसे धक से लगा, हाय राम! कहाँ बिलट गयी राजरानी? कुछ बाँस बाहर निकलकर इधर-उधर झाँका, तब बेचैनी बढ़ी। पाँच साल से लगातार साथ रही, कभी औरत इस तरह नहीं सनकी। सनक कर भी तो एक दिन में यार-भतार नहीं कर सकती। यार-भतार की पहले से प्लानिंग होती है। औरत की पहले से प्लानिंग है, इसकी जानकारी भवेश महाजन को नहीं है। हाँ, ख्याल आया, बड़े साहब के बुलावे पर निलहा साहब रावर्ट जंगल आया करता है। उसका ज्यादा चक्कर संतालों को निलहे खेतिहर बनाना रहता है। उसी सिलसिले में रावर्ट अकसरहाँ अपना ज्यादा समय भवेश के साथ व्यतीत करता है। अभी कोरा नौजवान है। औरत उसके साथ हँस-हँसकर बतियाती रहती है। एक बार औरत के साथ

लट-पट करते घर में ही रंगे हाथ पकड़ लिया था। तब से औरत को अकेला नहीं छोड़ता था। दोनों के बीच बराबर मौजूद रहता। मगर रावर्ट आँखों से संभोग कर लेता है। यह सब दूर-दूर से चले, भवेश को एतराज नहीं है। आखिर इन्हीं गोरों की कृपा से उसके पास अपार सम्पत्ति है।

भवेश को रातवाली बात याद आती है कि तन और धन से बड़ा सुख क्या है। गोरों से दोनों चीजें सहज हैं। इंतजार में दूसरी रात भी गुजर गयी, औरत का पता नहीं चला। क्या करे भवेश, फरियाद लेकर किसके पास जाय। सुकेल, गोको उसके नम्बर वन दुश्मन हैं। उन्हें अगर औरत के भागने की जानकारी हुई तो तिल का ताड़ बना देंगे। देसी महाज़न-जमींदारों के बीच अपनी ही नाक कटेगी। अब छटपटाने से कोई लाभ नहीं था। उसके जो शक-शुबहा उठ रहा है, वही पक्का है। औरत तन-सुख के लिए रावर्ट के राजमहल ही गयी है। अब उसके सामने औरत को वापस लाने का एक ही रास्ता था, वह पोटेंट साहब के दरबार पहुँचे। हवा में औरत की बात घुल गयी है। कानों कान पूरे संताल परगने में फैल सकती है। राजमहल पहुँचने पर भारी बबाल हो सकता है। गोरे ऐशो आराम के लिए जनपद में मशहूर हैं। रावर्ट अपने साथियों के लिए भी तो उसे छुट्टा छोड़ सकता है। अँग्रेजों में यह सब खुल्लमखुल्ला रिवाज है। एक मेम कइयों की संगिनी होती है।

भवेश कैम्प पहुँचा तो पोटेंट साहब कहीं निकलने की तैयारी में था। वह सलाम बजाते हुए सामने खड़ा हो गया। भवेश अपना सवाल दागे, इसके पहल पोटेंट ही बोला, जैसे भवेश की ही प्रतीक्षा हो, ''अच्छे मौके पर आए हो। आज शिकार की तबीयत थी। सुबह से ही मन नहीं लग रहा था। मेम साहब बोलकर भी राजमहल से अभी तक नहीं पहुँची। मन खराब हो रहा था। आज तुम्हारे ही साथ मन बहलाते हैं। तुम्हारा हाथी कहाँ है?''

''बाहर खड़ा है, सर।'' भवेश अन्यमनस्क बोल गया।

पीलवान ने हौज को ठीक से सजाया और रस्से से कस दिया। पोटेंट और भवेश सँभलकर बैठे तो हाथी धीरे से उठ गया। पोटेंट ने बोतल और बंदूक साथ रखवा लिया था। रास्ते में पोटेंट ने ही चुप्पी तोड़ी, ''तुम्हारे लिए भी एक गिलास रख लिया था।''

भवेश जितना उदास था, पोटेंट उतना ही प्रसन्न था। मगर बोला, ''आपको मालूम है सर, अपनी जाति, धर्म के कारण शराब आज तक नहीं छुआ।''

''लेकिन आज छूना पड़ेगा।'' पोटेंट साहब ने कहा, ''मुर्गा, हिरन चखने से तुम्हारी जाति कहीं नहीं गयी तो शराब से नहीं जाएगी।''

पोटेंट को जैसे पहले से आभास हो, वह उसकी बात जान-बूझकर टालता तो नहीं जा रहा है। साहब उसके अचानक आने का सबब पूछ क्यों नहीं रहा है? वह दोनों गिलास में बोतल भरने लगा था। बोला, ''मुझे छोड़ दीजिए सर। लाइए, मैं बनाता हूँ आपके लिए?''

पोटेंट हँसा, "आज तुम जंगल के साथी हो। मुझे अकेला मजा नहीं आएगा। गिलास साफ करो और बंदूक सँभालो। हम हिरन के इलाके से गुजरने लगे हैं।"

औरत का वियोग जो न करा ले उससे। उसने साहब के हाथ से गिलास ले लिया और गट-गट एक सुर में पी गया।

"जिओ शायलॉक!" उसने कहा, "अब सैर और शिकार का मजा आएगा।"

हाथी जैसे ही पहाड़ी पार करने लगा, भवेश को वह घाटी ध्यान पर चढ़ गयी, जिसमें जरी वैद को फेंकवाया था। जरी जैसे घाटी से उतरा आ रहा हो। वह अनायास चीख पड़ा, "जरी मरा नहीं, सर। वहाँ देखिए, घाटी से उठकर सामने खड़ा है।" उसने गोली चला दी।

पोटेंट नाराज नहीं हुआ, वह ठहाका मारकर हँसा। "जरी को तुम्हीं ने विदा कर दिया इस दुनिया से। उसके भूत से डर रहे हो।"

भवेश को धीरे-धीरे एहसास हो रहा है, उसकी भाषा लड़खड़ा रही है। इसके मुँह से कोई ऐसी बात न निकल जाय कि साहब को बुरा लगे। उसने खुद को सँभाला। "एक भारी सदमे की बात है, सर।"

पोटेंट को भी अचरज हुआ, "कैसा सदमा, भवेश?"

"मेरी औरत रावर्ट साहब के पास चली गई, सर। आज तीसरा दिन है।"

पोटेंट साहब सहज हुआ, "घबड़ाने की जरूरत नहीं। रावर्ट अच्छा आदमी है। तुम्हारी औरत को प्यार से रखा होगा। दो-चार दिन रहने के बाद खुद चली आएगी।"

"नहीं आएगी, सर।"

"तुम्हें कैसे मालूम।"

"रावर्ट उसे नहीं आने देंगे।"

पोटेंट जोरदार हँसा। "हमारी मेमों की तरह तुम्हारी औरत को भी चेंज चाहिए।"

बोला, "मुझे थोड़ा और दीजिए, सर।"

पोटेंट साहब ने ढाल दिया। भवेश सटाक से गटक गया।

हवा में सरसराहट तेज थी, मृगछौनों की तरह बादल उछल-कूद रहे थे। "बारिश होगी। पोटेंट ने कहा, "अब हम लौटते हैं।"

"होने दीजिए, सर।" वह रस्सा पकड़कर झूलने लगा था।

बादल गरजे तो हाथी भी घबड़ाने लगा। बिजली कड़की तो आग समझ कर भड़क उठा। पीलवान का अंकुश बेकाबू होने लगा। भवेश चुपचाप नीचे लुढ़क गया। पोटेंट साहब देर तक घाटी में झाँकता रहा, कहीं पता नहीं चला। हैट उतारकर प्रभु, ईशु को याद किया और फिर सामान्य हो गया।

कैंप लौटकर एक, दो पेग और डिनर के साथ लिया और चुपचाप सो गया।

दो दिन बाद रावर्ट ने औरत को सूचना दी, भवेश हाथी से लुढ़ककर मर गया।

औरत तत्काल सुनते ही उदास हो गयी, डबडबायी और फिर सामान्य हो गयी।

रावर्ट ने उसे अपनी ओर खींच लिया और बाँहों में कसकर दबा लिया।

"चलो, साहेब। वहीं कुछ दिन जंगल में रहेंगे। अपार जमीन जंगल में पड़ी है। वहीं नील की खेती करना।" औरत उसके होठ चूसती हुई बोली।

"शहर काटता है तुम्हें?"

"जंगल यहाँ से ज्यादा सुंदर है, एकदम तुम्हारी तरह।"

"अच्छी बात है।" रावर्ट उसे पूर्णतया नंगा कर चुका था, "वहीं जम कर नील की खेती करेंगे।"

जंगल लौटने के बाद रावर्ट ने जमीन की जुताई शुरू करा दी। उसने कहा, "चलो, चर्च चलते हैं। तुम ईसाई-धर्म कबूल करोगी। तुम्हारा नामकरण भी हो जाएगा। मेरे लिए ही नहीं, दुनिया के लिए भी बेगम मारिया के नाम से जानी जाओगी।"

औरत हँसती, मुस्कुराती रही।

"कल से संतालों को पकड़ लाएँगे। उन्हें बसाकर, अपनी खेती में लगाएँगे। जिंदगी भर के लिए हमें गुलाम मुफ्त में मिल जाएँगे।"

"इसके बाद?"

"इसके बाद यह इलाका मारिया गाँव कहलाएगा। तुम हाथी पर बैठकर सूद-लगान वसूलोगी। भवेश की आत्मा की शांति के लिए।"

भवेश का नाम सुनते ही किटकिटा गयी वह। इस नाम से नफरत पसर जाती उसके भीतर। सुनते ही उबकाई आती है। वह हरामी की औलाद कभी नहीं घुमाया अपने साथ। वह साध पूरी करेगा रावर्ट।

एक, दो बार अपने साथ ले भी गया रावर्ट। रैयत संतालों को लगा, नए हाकिम लोग हैं। गोरी-चिट्टी औरत रावर्ट के साथ खप जाती है। काली-कलूटी संतालिनें उसे अच्छी नहीं लगतीं। हाथी पर ही बैठी रह जाती है। संयोग से जोबा और तालो वहीं थे उस दिन। चर्च के स्कूल में नामांकन के लिए आए थे। रावर्ट चौंका था, साँवली-सलोनी युवती इतनी आकर्षक भी हो सकती है, रावर्ट ने पहली बार महसूस किया था। वह हाथी से उतर गया। औरत मारिया हाथी पर ही रह गयी।

"कौन है यह?" उसने तालो से पूछा।

"जोबा है, भोगनाडीह की।"

"क्या करती है?"

"चर्च की शिक्षिका है। फादर के कहने से हम यहाँ आए हैं।" रावर्ट की आँखें उदास हो गयीं। लड़की मारू है।

तालो और जोबा का संदेह गलत नहीं था। वह अँग्रेज सूदखोर ही था। मगर अचरज यही था कि अब अँग्रेज भी सूदखोर-महाजन बनने लगे हैं। माँझी से पूछने पर बताया कि

पहले भवेश नाम के महाजन का यह इलाका था। एकाध महीने से दिखा नहीं है।

तालो को एक दूसरा भी संदेह हो रहा था, यह निलहा साहब तो नहीं है? यह औरत हिंदुस्तानी किस्म की लगती है। मेमों की आँखें भूरी, नीली होती हैं। हो सकता है, गोरा कहीं से उसे भगाकर लाया हो। दमन का यह नया तरीका हो सकता है।

इस अँग्रेज का नाम किसी को मालूम नहीं था। उस गाँव के माँझी को भी नहीं। "मगर एक उपाय है।" तालो बोला, "भवेश जहाँ रहता है वहाँ चलकर इस अँग्रेज की जानकारी ली जा सकती है।"

"सीधे चलो तब।" जोबा ने कहा।

"माँझी को भी साथ ले लेते हैं।"

वहाँ अभी तक भवेश का ही अकेला घर था। माँझी को थोड़ा-बहुत अचरज भी हुआ कि जमीन पर काफी मात्रा में नील बो दी गयी है। आठ-दस संताल मजदूर जमीन कोढ़ रहे हैं। भवेश के घर से हटकर दो-तीन झोंपड़पट्टियाँ खड़ी हैं, जिनके अंदर औरतें और बच्चे दिखलायी पड़ रहे हैं। घर के सामने रावर्ट और औरत मारिया कुर्सी पर आमने-सामने बैठे हैं। भवेश के बारे में उन मजदूरों से पूछने पर कुछ पता नहीं चला। वे सिर्फ इतना ही बोले कि साहब और मेम के अलावे यहाँ तीसरा आदमी कोई नहीं रहता। माँझी ने मेम साहिबा को उस दिन भी हाथी पर देखा था, मगर वह साड़ी पहनी हुई थीं। आज तो एकदम कपड़े बदले हुए थे। शायद भवेश दूसरी जगह रहता हो और निलहा साहब अपनी मेम के साथ यहाँ आ गया हो। मगर तालो और जोबा ने पीलवान से पूछ ही दिया, "भवेश महाजन कहाँ गया?"

"कुछ नहीं मालूम।" पीलवान साफ पल्ला झाड़ गया।

"यह गोरा कब से रहने लगा यहाँ?"

"यही दो महीने से।"

"और वह मेम?"

कुछ नहीं बोला पीलवान। उठकर दूसरी तरफ चल दिया। गोरे का बीच गाँव में बसना खतरनाक संकेत था। बेचारे तालो और जोबा को क्या मालूम कि ब्रिटिश सरकार ने भारत में जमीन पर ईस्ट इण्डिया कम्पनी की इजारेदारी खत्म कर दी है। अब हर अँग्रेज को अधिकार मिल गया है कि वह भारत में आकर बस सकता है और जमीन-जायदाद का मालिक भी बन सकता है। नतीजतन अँग्रेजों ने बड़ी-बड़ी जमींदारियाँ खरीदकर नील की खेती शुरू कर दी। पहले ईस्ट इण्डिया कंपनी की नील की कोठियाँ थीं। अब निलहे साहबों की या फिर दूसरी-दूसरी कंपनियों की कोठियाँ जगह-जगह खुल गयी थीं। निलहे साहबों की इन जमींदारियों में बंगाल इंडिगो कंपनी की जमींदारी सबसे बड़ी थी। उसने पाँच सौ चौरानवे गाँवों की जमींदारी हथिया ली थी। और सरकार को सालाना लगान तीन लाख चालीस हजार रुपए देती थी। उसने केवल बंगाल के नदिया जिले में अट्ठारह लाख की पूँजी लगा रखी थी। कुछ निलहे अपनी जमीन में स्वयं नील

की खेती कराते, मगर अधिकांश खेतिहारों को जबरन अग्रिम देकर नीले की खेती करने के लिए मजबूर करते। उन्हें सूदखोर महाजनों अथवा पुलिस से पकड़वाकर अपनी कोठी पर मँगवाते और जबरन नील की खेती करने का इकरारनामा लिखवा लेते। बेचारे किसानों को इसकी खेती के लिए दो रुपए प्रति बीघा अग्रिम मिलता। कोठियों वाले निलहे गोरे उनकी अच्छी-अच्छी जमीन पर निशान लगा देते। खेती के लायक जंगल-पहाड़ साफ कर जमीन तैयार करते संताल और उसे हथियाने के लिए आ धमकते निलहे गोरे। मजबूरन उन्हें नील बोना पड़ता, स्वयं निगरानी करना पड़ता। पौधे जब तैयार हो जाते तब काट-छाँट कर कोठी पर पहुँचा आना पड़ता। फिर रुपए में चार, छः या आठ बोझ के हिसाब से किसान का पावना दर्ज कर लिया जाता। प्रति बीघा आठ से दस बोझ ही नील पैदा हो पाता। किसान को देने-पावने का हिसाब तभी किया जाता, जब अगले साल नील का मौसम होता। अग्रिम दो रुपए के अलावे किसान को बीज की बावत चार से लेकर आठ आने, स्टाम्प की बावत चाहे वह लगे या न लगे दो आने से लेकर आठ आने तक, बोआई की बावत गाड़ी-भाड़ा चार आने से लेकर तेरह आने तक काट लिया जाता। हिसाब-किताब होने पर किसान उल्टे कर्जदार बन जाता। इस प्रकार जो किसान इकरारनामे कर पेशगी ले लेता, वह ताजिन्दगी दास बन जाता। वह निशान लगी जमीन पर दूसरी फसल भी नहीं बो सकता था। इकरारनामे के खिलाफ जाने पर उसकी संपत्ति हड़प ली जाती। यहाँ तक कि उन्हें कैदी बनाने का निलहों को कानूनन अधिकार प्राप्त था।

निलहे साहबों के अमानुषिक अत्याचारों की कहानी तालो सुन चुका था। वह इस निलहे को रावर्ट की कहानी जानने के लिए बेकरार हो रहा था।

एक रात की घटना है।

रावर्ट और मारिया अंदर सो रहे थे। लैंप की मद्धिम रोशनी छन कर बाहर आ रही थी। पीलवान बाहर ही जमीन पर पड़ा था। झोंपड़पट्टियों में भी चुप्पी और अँधेरा था। तालो चुपके से अपने पाँच-सात साथियों के साथ आया और पीलवान का मुँह बंद कर वहाँ से दूर उठाकर ले गया। पीलवान डरा हुआ था और काँप रहा था। बोला, ''संताल भले न मानो मुझे, मगर मैं भी आदिवासी हूँ। तुम्हीं लोगों का आदमी हूँ।''

''कहाँ के हो?'' तालो ने पूछा।

''दुमका का हूँ। गुलामी में माँ-बाप ने गोरों को सौंप दिया है मुझे।'' पीलवान रोने लगा था।

''रोओ मत, वर्ना फेंक देंगे पहाड़ के नीचे।'' तालो ने पूछा, ''भवेश महाजन कहाँ है?''

''हाथी पर बड़े साहब के साथ खूब दारू पी लिया था। हाथी से लुढ़ककर घाटी में मर गया। तभी से इस गोरा साहब ने उसकी औरत को रख लिया है। औरत ने तो अपना धरम भी बदल लिया है। दोनों नील की खेती कराते हैं और जब-तब लगान-मालगुजारी

भी वसूलते हैं। सच पूछो, तो बड़े साहब पोटेंट को छोड़कर भवेश की मृत्यु के बारे में कोई नहीं जानता।''

तालो और उसके साथियों को गुस्सा आ रहा था। जी में आता, इस साले की गर्दन टीप दे, मगर पूछा, ''यह गोरा कौन है?''

''रावर्ट साहब है। नील की खेती कराने राजमहल कोठी से आया है और भवेश की औरत के साथ बस गया है।''

तालो के एक साथी ने उससे पूछा, ''जरी वैद छः माह से लापता हैं। उनके बारे में तुम्हें जानकारी है?''

पहले तो पीलवान ने बताने में आना-कानी की, साफ बताने से इनकार करता रहा, मगर कुछ सोचकर सच बता दिया। तालो सुनते ही चौंक गया। यह पोटेंट आदमी की खाल में कितना बड़ा शैतान है। मीठी छुरी है स्साला? शिक्षा, चर्च, धर्म-सब कुछ इसका ढोंग है। साथियों से अचरज कर रहा था तालो कि जिस जरी वैद ने उसका घाव ठीक किया, उसकी हत्या पोटेंट ने क्यों की?

''ईर्ष्यावश!'' उसका कोई साथी बोला।

''इतनी बड़ी ब्रिटिश-सल्तनत और जरी वैद मामूली आदमी—यह चीज मुझे समझ में नहीं आ रही।''

उन्होंने सोचा, पीलवान बेचारा तो गुलाम है। उसे मारना-पीटना व्यर्थ है। इसलिए समझा-बुझाकर छोड़ दिया। तालो ने उससे सिर्फ इतना ही कहा, ''आज से तुम हमारे साथी हो। हमें गुप्त सूचनाएँ देते रहोगे।''

वाकई, पीलवान भीतर से बेहद खुश था, जैसे आत्मा अभी-अभी गुलामी से मुक्त हुई हो। अब वह रावर्ट की एक-एक हरकत पर नजर रखने लगा था। वह रावर्ट उन नील-मजदूरों पर हंटर बरसाते हुए चीख पड़ता, ''दुष्टजन अगर पैदावार कम हुआ तो पेड़ों में बाँध कर जानवरों को भेंट कर दूँगा?''

क्या सचमुच निलहे इतने हैवान होते हैं? एक दिन तो भवेश की औरत को घर के अंदर पीट रहा था। शायद, नशे में था; क्योंकि बोतलें और गिलास फूटने की आवाज आ रही थी और औरत रह-रहकर चीख रही थी। वह गुस्से में बाहर निकला था और पीलवान से बोला था, ''उस लड़की के पास ले चलो?''

''कौन लड़की, हजूर?''

''उसका नाम जोबा है।''

''मैं उसको नहीं जानता, मालिक।''

''शटअप?'' रावर्ट चीखा। ''गोली मार दूँगा, समझे? उस गाँव के माँझी के पास चलो? वही उसका घर बताएगा।''

रावर्ट जैसे पागल हो रहा हो।

उसने बंदूक की बट से हाथी के मस्तक पर बेजोड़ मारा। हाथी चिंघाड़ता भागा।

पीलवान घबड़ाया, "हाथी सचमुच सनक गया तो बेकाबू हो सकता है, सरकार? मेरी जिंदगी पर रहम कीजिए।"

रावर्ट ठहाका लगाता रहा। ठहाके के बीच ही बोला, "तुम उस औरत को रखेगा?"

"नहीं सरकार। वह भवेश महाजन की अमानत हैं। उनकी रक्षा हमारी जिम्मेदारी है।"

रावर्ट का पहले से भी विषाक्त ठहाका। "लेकिन मैं उस औरत को नहीं रखूँगा। एकदम उबकाई आती है। रात में तो बिल्कुल नहीं रखूँगा। तुम्हारे पास भेज दूँगा। मैं उस जोबा के साथ कोठी लौट जाना चाहता हूँ। तुम सँभालो उस औरत को। नहीं तो घाटी में फेंक दूँगा उसे। मेरा मन भर गया साली से।"

रावर्ट इतना बोल रहा था कि पीलवान के मन में हुआ कि इस नशेड़ी को यहीं से उलट दे घाटी में और बंदूक लेकर फरार हो जाय। यह साला हैवान की औलाद मरना चाहता है क्या? ऐसे शैतान को मारकर पुण्य ही मिलेगा। हाथ में बंदूक हो तो पोटेंट को भी एक साथ देखा जा सकता है। तनिक इस बार बोलकर देख ले रावर्ट? क्या गति करता हूँ उसकी।

रावर्ट बड़बड़ाता ही जा रहा था। उसने बंदूक पकड़ ली, "आपके हाथ से कहीं गिर जाएगा।"

रावर्ट कुछ सुन नहीं रहा था, सिर्फ गालियाँ बड़बड़ा रहा था। पीलवान ने आसानी से बंदूक उसके हाथ से ले ली और अंकुश सहित सूँड़ के सहारे नीचे उतर आया। रावर्ट अभी हाथी पर ही डोल रहा था।

"अब तो नीचे उतरो साहेब?" उसने चेताया, "हाथी भड़का तो मरोगे?"

"हमको नहीं, तुमको मरना है?"

"लेकिन बंदूक तो मेरे हाथ में है।"

"इधर फेंक मेरे पास, ऊपर? मादर चोद?"

पीलवान चिल्लाया, "बेगोरे की औलाद? आदिवासी सबकुछ बर्दाश्त कर सकता है, माँ-बहन की गाली नहीं बर्दाश्त कर सकता है।" उसने उछलकर रावर्ट की टाँग पकड़कर खींच दी और बंदूक की बट से तब तक मारता रहा, जब तक उसे विश्वास हो गया कि यह जिंदा नहीं है। उस पीलवान के भीतर जो कायरता जड़वत थी वह धीरे-धीरे टूटने लगी थी। तालो की संगति से उसे गरिमा बोध हुआ था। वह असली रूप में आ गया था और पीलवान से मंगरा चमार हो गया था। चूँकि पंद्रह साल से वह गोरों की खिदमत करता आ रहा था, इसलिए वह निलहों के कारनामों से परिचित था। वह तालो को निलहों के ऐसे-ऐसे कारनामे बतलाता कि सुनकर रोंगटे खड़े हो जाते। निलहे बंगाल के अलावे बिहार के चंपारण और संताल परगना में भी पैर फैलाने लगे थे। ब्रिटिश सरकार यूरोपियों को भारत में बसाने के लिए कटिबद्ध थी। गवर्नर जनलर लार्ड बेंटिक

ने महसूस किया कि उपनिवेशवादी चरित्र की दृष्टि से जरूरी है कि यहाँ के बाशिंदों को पूँजी के जाल में इस कदर जकड़ दिया जाय कि वे निकल नहीं सकें। लार्ड बेंटिक ने इन परिस्थितियों के मद्देनजर सरकार को 'कोर्ट ऑफ डायरेक्टर्स' लिखकर भेजा कि भारत में ऐसा कोई संप्रदाय नहीं जो हमारी मुसीबत के समय मदद के लिए आगे आएगा। भारत के प्रभावशाली क्षमतावान साहसी व्यक्तियों में अधिकांश हमें नापसंद करते हैं।....बिना रोक-टोक बहुत से यूरोपियों को भारत में बसाकर हम इस बाधा को दूर कर सकते हैं।

परिणामस्वरूप निलहों की जकड़ और फैलाव के कारण संताल परगना के मूल निवासी दिन-प्रतिदिन विवश होते जा रहे थे। आये दिनों में रावर्ट की हत्या बहुत बड़ी दुघर्टना थी। पीलवान मंगरा चमार एकदम डरा हुआ था। हाथी भी जंगल की राह पकड़ चुका था। सबसे बड़ी बात यह थी कि रावर्ट नदिया जिले के सबसे बड़े निलहे का बेटा था और उसे राजमहल और उसके आसपास पाँव पसारने के लिए भेजा गया था। रावर्ट का बाप सबसे दबंग, रोबीला और प्रभावकारी अँग्रेज था। तब भी नदिया जिले के चौगाछा गाँव कि किसान-नायक विश्वनाथ सर्दार ने निलहे साहबों के छक्के छुड़ा दिए थे। अँग्रेजों की नजर में उनका हर दुश्मन डकैत होता था। विश्वनाथ नायक भी उनके लिए 'बिशे डकैत' था; जबकि अंग्रेज स्वयं सबसे बड़े डकैत और साम्राज्यवादी थे।

बड़े साहब पोटेंट के पास यह खबर पहुँच चुकी थी कि रावर्ट की हत्या के बाद पीलवान मंगरा चमार और हाथी का कोई पता नहीं है। इसके पूर्व नदिया के शक्तिशाली निलहा सैमुएल फेडी की कोठी विश्वनाथ विद्रोही ने ऐन दीवाली की रात लूट ली थी। फेडी के अनेक लोग मारे गए थे। उसकी मेम ने तालाब में सिर पर काली हांडी रखकर अपनी जान बचायी थी। विश्वनाथ सर्दार के साथी फेडी को पकड़कर वाग्देवी खाल के पास जंगल में ले गए। उसने विश्वनाथ से जीवन-रक्षा की भीख माँगी और कसम खायी कि यह बात किसी को नहीं बताएगा। लेकिन फेडी और क्रांतिकारी विश्वनाथ के चरित्र में भारी अंतर था। विश्वनाथ ने जहाँ उसकी कसमों पर विश्वास किया, वहीं फेडी ने विश्वासघात किया।

किसी तरह विश्वनाथ और उसके साथी जेल से रिहा होने में इसके बाद विश्वनाथ सर्दार अवसर की तलाश में रहे और एक दिन आधी रात के बाद फेडी की कोठी पर फिर हमला कर दिया। पहले की तुलना में इस बार का हमला विकराल था। उन्होंने फेडी और उसके साथी लेडियार्ड को बुरी तरह पीटा और उन्हें तरह-तरह से अपमानित किया। उनके खजाने लूटे और उसके प्रमुख गार्ड को पकड़कर अपने साथ ले गए। इस प्रकार, विश्वनाथ विद्रोही ने फेडी के विश्वासघात का बदला लिया।

तभी से ब्रितानिया फौज विश्वनाथ की टोह में लगी थी। अँग्रेज संसाधन-संपन्न थे। उनकी तुलना में विद्रोहियों की औकात ही क्या थी। कुछ ही दिनों बाद विश्वनाथ सर्दार फौजियों के हाथ पड़ गए और अँग्रेजों ने देशभक्त विश्वनाथ को फाँसी दे दी।

मगर विद्रोह की चिनगी जहाँ-तहाँ धधकती रही। जहाँ-तहाँ निलहों के गिरोह और पुलिस के खिलाफ मोर्चाबंदी जारी रही। पुलिस खुलेआम निलहों की पक्षधर थी। वह गाँवों के मुखियों को गिरफ्तार करने आती, तो हजारों की संख्या में एकत्र होकर किसान पुलिस को घेर लेते। किसानों ने पुलिस-आगमन की आसपास के गाँवों में सूचना की व्यवस्था कर रखी थी। उनके आदमी ऊँचे वृक्षों पर बैठ कर चारों तरफ नजर रखते। पुलिस को देखते ही शंख या घंटा बजाकर आसपास के गाँवों को खबर कर देते। सांकेतिक सूचना पाते ही किसान लाठी, बल्लम, बर्छे आदि हथियारों से लैश दौड़ पड़ते और उनको मार भगाते। एक बार की तो कथा है, दो हजार किसानों ने पुलिस-बल को जबर्दस्त पीटा और पकड़कर रख लिया। बाद में मजिस्ट्रेट मिलिटरी लेकर आया। तभी बंदियों को छुड़ाकर ले जा सका। किसानों का यह संघर्ष लंबे दिनों तक चलता रहा।

उसी से मिलती-जुलती, छोटी-सी घटना, मगर पहली बार राजमहल के इलाके में घटी थी—निलहे रावर्ट की हत्या। सर्वत्र तीस साल पहले जैसा विद्रोही तेवर तो नहीं था, मगर सन्नाटे और चुप्पियों के भीतर सतर्कता जरूर थी। बड़े साहब पोटेंट का दोहरा चरित्र उजागर हो चुका था। चर्च द्वारा ईसाई बनाने का काम जारी था। स्कूल और पढ़ाई-लिखाई के नाटक का पर्दा संदिग्ध हो चुका था। तालो, जोबा और साथियों ने चर्च और पादरी से अपने संबंध-विच्छेद कर लिए थे। जरी वैद की हत्या भले मंगरा चमार के माध्यम से करायी गयी हो; परंतु सभी पोटेंट को हत्यारा मान चुके थे। गोको नायक ने ऐलान किया—जिस प्रकार ब्रितानिया शासकों को भारत पर अधिकार जमाने के लिए अनेक लड़ाइयाँ लड़नी पड़ी हैं, उसी तरह हमारी धरती पर निलहों का कब्जा जमाने के लिए लोहे के चने चबाने पड़ेंगे। हम मरते दम तक अपनी खेती सूदखोर-महाजनों, जमींदारों और निलहों के हाथों नहीं जाने देंगे।

जोबा, तालो, मंगरा—तमाम लोगों ने गोको नायक की बातें दुहरायीं। तालो उठकर बोला, "अपनी आयो, दीदी, बोयहा की कसम है माराम बा गोको, हम जरी वैद की हत्या का बदला जब तक पोटेंट की हत्या से नहीं लेंगे, तब तक चैन से नहीं बैठेंगे। कागोज-पुथी और पोटेंट से लड़ाई साथ-साथ चलेगी।"

मगर जोबा की ओर किसी का ध्यान नहीं था। मंगरा ने टोक दिया, "बोयहा जोबा उदास काहे रे।...."

"मैं तुम लोगों की बातों से उदास नहीं हूँ।" वह कहने लगी, "उदास हूँ कि फिर इस साल सूखा-अकाल के आसार हैं। पानी नहीं बरस रहा। पहाड़ में कहीं पानी नहीं है। हमारी एक और लड़ाई जुड़ गयी तालो—सूखा-अकाल फिर इस साल लड़ाई। नदी, तालाब, सोते, सूखे। पेड़-पौधे उदास और झुलसे। कंदराओं का भयावना चेहरा।"

जोबा उदास बाह-गीत गुनगुनाने लगती है—

चास आबाद दिन सेटेरेना
बानुक कोता बोना नुरिच नाराङ......

(खेती-गृहस्थी का दिन पहुँच गया है। हम लोगों को हल-बैल तो है नहीं.... बाड़ी में हम लोगों के लिए कुआँ खोदो।)

गोको नायक ने समझाया, "बिटिया, बिल्कुल दुरुस्त बात बोली तू। लेकिन सूखा, अकाल, दमन, अत्याचार हमारी नियति बनती जा रही है। तू अभी कोरी बच्ची है। मैं भी तुम्हारी तरह कोरा था। जब से आयो-बब्बा ने जनम दिया, सूखा-अकाल झेलते आए हैं। पोटेंट के खतरे भी सामने हैं। सभी अपने-अपने मोर्चे पर लड़ेंगे। वीरसिंह, सुकेल का अलग मोर्चा है, हमारा-तुम्हारा अलग मोर्चा है। सभी चिंताएँ बाँटकर अलग-अलग काम करेंगे। हमारे पास चौतरफा लड़ने के लिए साधन क्या हैं? हल, बैल, कुआँ तो एक दिन में नहीं हो जाएगा। सबके पास। मरांग बरु की इच्छा अगर यही है तो हम क्या कर सकते हैं?"

जोबा फिर सोच में पड़ जाती है। सोचती है, माराम बा ठीक ही तो बोलते हैं। हमारे मूल दुश्मन यही अँग्रेज हैं, प्रकृति से भी खतरनाक। बोली, "समझ गयी माराम बा, तब हम क्या करें?"

"मंगरा ने बहादुरी का काम किया है।" गोको ने कहा, "हम लड़ाई के दल बनाएँगे। तुम सुमो के साथ शिक्षा का काम जारी रखो। हम वीरसिंह के पास चलते हैं। कल के बाद फिर हम मिलेंगे।"

जोबा और सुमो ने घाटी की राह ली। वे शाम तक गाँव पहुँचना चाह रही थीं। अकेली जोबा को सुकेल ध्यान आ जाता है। सुमो के साथ होते हुए भी दोनों अलग-अलग चल रही थीं। जोबा सोच रही थी, जैसे सपना देख रही हो। सुकेल यहीं कहीं है, घाटी के आसपास। वहाँ जरूर उस पेड़ के पीछे उसकी प्रतीक्षा में है। वह नाराज होकर कहेगा, "कहाँ थीं इतने दिनों से तुम?" तब क्या जवाब देगी जोबा! यही वह घाटी है, जहाँ दोनों नीचे, बहुत नीचे अतल गहराइयों में उतरे थे, रात एक साथ चाँद तले गुजरी थी। सुकेल को बड़ा प्यारा लगता है वह गीत। होठ स्वतः फड़फड़ाते हैं। कंठ के अतल से अनायास गुनगुनाने लगती है; जैसे सुकेल के हाथों में उसका हाथ हो—"सोनेरो रूप रूपेरो रूप, सोनेरो रूप लेका गातेय मेनाय...."

"देख जोबा!" सुमो ने उसका सपना उकेर दिया, "सामने सूखी नदी। बदन जलांने वाली गर्मी। उफ! दइया रे!...."

जोबा तब भी कुछ न बोली, उसे वह दिन याद आता रहा, जब सुकेल के साथ इसी नदी में नहायी। सुकेल ने उस दयावती औरत के फूल उसके जूड़े में सजा दिए थे। आ जा न रे सुकेल! कहाँ छिप गया है घाटी में। वह धम से बैठ जाती है नदी के तीर।

"हाय आयो रे!" सुमो चिहाकर बोली, "रात यहीं गुजारने का मन तो नहीं है?"

"रात" फुसफुसायी जोबा, "तुम्हें रात वाली बात कैसे मालूम, सुमो? मैंने बतायी थी क्या?"

सुमो चकित है? "मैं कुछ समझ नहीं पा रही हूँ तुम्हारी बात। क्या बकती जा

रही है तू?"

जोबा उसका हाथ पकड़कर अपने करीब खींच लेती है, "तू ही मेरी असल सहेली है—मेरी दतेकुरी! बहुत दिन हो गए रे। सुकेल और मैं इसी नदी में नहायी थी। इस सूखी नदी में भी कैसा लबालब सपना है रे! यहीं मेरा और सुकेल का ब्याह हुआ था।"

चौंकी सुमो, "चुपके-चुपके ब्याह भी रचा लिया? होपेन बा (चाचा) की बिना जानकारी के?"

जोबा घुटनों पर ठुड्डी रखे मुस्कुराती जा रही है, पिछले सपने में डूबी जा रही है. ..सुमो उसे जोर से खींचती है, "चलती है कि नहीं तू यहाँ से!"

"बैठ ना थोड़ी देर," बलात सुमो ही खिंच जाती है, "तुम्हारा शंकर भी यहीं आ रहा होगा।"

"धत्! तुम्हें शंकर के बारे में कैसे मालूम?"

"तुमने नहीं बताया तो मैं जानने-सुनने से भी गयी?"

"तुम्हें क्या बताऊँ जोबा, उसकी याद मुझे भी बहुत आती है। दो साल परे ऐसा ही सूखा था, तुम्हें ध्यान होगा।"

"बिल्कुल ध्यान है रे।"

"बोल कर गया कि काम की तलाश में जा रहा है। तब से नहीं लौटा। मुझको तो शुबहा कि निलहों ने उसे....." सुमो सुबकने लगती है। लोर गालों पर लुढ़क आते हैं।

"चुप रह।" जोबा ने समझाया, "ऐसी कुभाखा नहीं बोलते। असली मरद है तो जरूर आएगा।"

"कैसे कहती है ऐसा तू?" सुमो को जैसे अंदर से विश्वास हवा के झोंके-सा झकझोर गया हो, "मैं तो निराश हो चुकी हूँ जोबा।"

"मेरे सुकेल के साथ भी तो यही मनोदशा है। क्या भरोसा, अँग्रेज उसे भी संताल डकैत कहकर मार दें। मगर यह भी सच्चाई है सुमो, कि हम दोनों को इसी हालात में जीना है। किसी के साथ भी ऐसी घटना हो सकती है। हिम्मत-विश्वास यही दो चीजें मरांग बरु ने हमें दी हैं। इसी ताकत पर तो संताल अभी तक आबाद हैं। मन छोटा करने से आस टूटता है। आस टूटता है तो आदमी कमजोर होता है।"

"क्या करूँ रे, बब्बा, जब-तब बोलता रहता है कि शंकर के भरोसे कब तक टिके रहेंगे। इस साल नहीं लौटा तो रच देंगे ब्याह किसी दूसरे से। इस सूखे में बुरी तरह याद आती है उसकी।"

जोबा बोली, "सच मन से किसी को याद करो तो सोचा-समझा फल मिल जाता है।"

सुमो निराशा की साँसें लेती है, "तुममें और मुझमें फर्क है, जोबा। तुम्हें तो भरोसा है कि तुम्हारा सुकेल कहीं है। मुझे तो दुविधा है कि शंकर है भी, नहीं भी है।"

"कहाँ का है वह?"

"मेरे ही गाँव का है। तुमने उसे कई बार देखा है, तुम्हें ध्यान नहीं आ रहा है।"

"तुमने जिक्र नहीं किया था कभी।"

"सोचती थी, सब कुछ बता दूँ तुम्हें, मगर....."

"सुकेल मिले तो बोलूँगी उससे।"

"सच जोबा, जरूर से।"

"जरूर रे! कसम ले ले।" जोबा उसके हाथ पर अपना हाथ रख देती है।

सुमो को लगने लगा, उसका शंकर है, जहाँ भी है मगर है। सूखे की भयावहता हरने लगा है शंकर उसके मन से। सुमो जोबा का हाथ थामे सरकती जा रही है गाँव की ओर डगर-दर-डगर। दोनों प्रफुल्ल हैं अपने-अपने प्रेमियों के आवेग की कल्पना में।

सूरज अभी तक खड़ा था रास्ते भर। जोबा का गाँव सामने था, सुमो के गाँव से पहले। सुमो सुबह मिलने के वायदे के साथ आगे बढ़ गयी। जोबा सामने गाँव में मुड़ी। घर के पास पहुँचने के पहले चिहाकर ठिमक गयी। दरवाजे पर यह विलायती कहाँ से रे बब्बा!

सामने आकर पहचान गयी। यह तो वही है उस दिन वाली, आधी देसी आधी विलायती। भवेश की औरत और रावर्ट की रखैल। बब्बा उसके पीछे खड़ा था। किसी अनहोनी हादसे की कल्पना से सिहर गयी। बब्बा ही पहले बोला, "ये दोपहर से तुम्हारी टोह में है, बिटिया।"

मारिया बेगम मुस्कुरायी, "हाँ जोबा, मुझे तुम्हारा ही इंतजार था।"

"किसलिए, मालकिन?"

"मालकिन नहीं कह मुझे। मैं तो नष्ट हुई सिर्फ एक औरत नाम हूँ तुम्हारे सामने। शायद, तुम्हारी संगति में फिर से एक मुकम्मल औरत बन सकूँ।"

"मेरा घर कैसे मालूम हुआ आपको?"

"पूछते-पूछते।" मारिया ने उसके कंधे पर हाथ रख दिया, "जिस दिन रावर्ट ने तुम पर बुरी नजर की, उसी दिन समझ गयी कि तुम एक अच्छी हो, खुद के लिए ही नहीं, सम्पूर्ण संताल समाज के लिए।"

"बब्बा इन्हें कुछ खिलाया कि नहीं अभी तक।"

"हाँ, बिटिया। मक्के की रोटी और साग।"

मारिया रह गयी रात भर उसके साथ। अपने गाँव से भवेश के साथ भागने से लेकर रावर्ट की हत्या तक पूरी कथा सुना दी उसे। उसी क्रम में कहती गयी मारिया, "बहुत सारे विषैले जंतु रेंग रहे हैं मेरे भीतर। मेरी आत्मा को बचा ले जोबा। मेरी जाति, धर्म, बाहर-भीतर सब कुछ बदल दिया गया है। मुझे तू भीतरी मन से दीदी बना ले जोबा, मैं फिर से इस प्रकृति की तरह पवित्र हो जाऊँगी। सोनेरो रूप रूपेरो रूप रे मेरी प्यारी बोयहा।"

जोबा नादान है, ज्ञान में, विज्ञान में एकदम असहाय। उसकी शक्ति ही क्या है? वह चुप और मूक डबडबायी हुई है।

"दीदी!"

रात के अँधेरे में उछलकर बैठ गयी मारिया, "फिर से एक बार बोल ना, दीदी।"

"मैं अकेली कर ही क्या सकती हूँ आपके लिए। चारों तरफ जुलुम है, अत्याचार है। अँग्रेज, जमींदार के लिए हमारा समाज खिलौना है। औरत की तरह जीना बेहद मुश्किल है, मारिया दी।"

मारिया ने कहा, "यह मारिया बेगम मेरे नाम से कैसे मिटेगी?"

"इस बात के लिए तो गोको माराम बा से पूछना पड़ेगा।"

"धर्म गुरु हैं?"

जोबा हँसी। "वे हमारे नायक हैं। उनका नाम भी है गोको नायक। एक बार तो अँग्रेजी अदालत भी उनके सामने झुकी थी। खूँखार महेश दारोगा, सूदखोर-महाजन सबको एक साथ मात दी थी। यहाँ तक कि बड़े साहब पोटेंट भी राय-मशविरा के लिए आता है उनके पास। लेकिन पोटेंट हमारा असली दुश्मन है।"

सोचने लगती है मारिया, इसी विरोधाभास में पली-बढ़ी है जोबा। लड़ी है, झेली है। लड़ाई ने निश्चित उसे ताकत दी होगी। यह सब बल है उसके पास। बोली, "अब से खतरे उठाने का संकल्प कर लिया है मैंने। गोको नायक से जोड़ दो मुझे।"

जोबा उसके गले लग गयी।

सुबह सुमो आयी तो उसे मारिया को देखकर अचरज हुआ। जोबा को एक तरफ खींच ले गयी और कान में फुसफुसायी, "यह अँग्रेज साहबों की भेदिया है। इसे जल्दी हटा यहाँ से।"

जोबा भी थोड़ी देर के लिए संदिग्ध हो उठी। "कैसे रे?"

"यह बहुत दिनों तक कोठियों में रही है। निलहों से इसके संबंध बड़े गाढ़े हैं।"

सोच में पड़ गयी निश्छल जोबा। अगर ऐसी बात है तो क्यों बताती अपनी कहानी? यह भी तो हो सकता है कि वह खुद को बदलना चाह रही हो। उसने गोको नायक से मिलवाने का वायदा कर दिया है। कहा, "सुन सुमो, गोको नायक के पास यह भी चलेगी हमारे साथ। वही इसकी जाँच-पड़ताल करेंगे। औरत है सखी, दया आ गयी मुझे।"

मारिया बुझती हुई उनके करीब चली आयी। हालाँकि संताली भाषा से अभी तक अबूझ थी वह। वह सुमो से बोली, "शुबहा मत रख रे बोयहा?"

"यह सुमो है दीदी, मेरी सहेली।" जोबा ने कहा।

"मैं आपकी शिकायत नहीं कर रही थी।"

''शिकायत के लायक हूँ मैं। करो तो अच्छा लगेगा। समझूँगी कि कहाँ-कहाँ बुरी हूँ। बस, मैं दलाल, भेदिया नहीं हूँ। अँग्रेज साहबों की सतायी हुई हूँ।'' मारिया की आँखें आँसुओं से भर आयी थीं।

धूप कड़वी होने लगी थी। पहाड़ से हवा में गर्मी उतरती जा रही थी। सूखे पत्ते आपस में खड़खड़ा रहे थे। अनायास कोई अकुलाहट मन को तोड़ने की कोशिश करने लगी। तीनों सशंकित मन सरकती जा रही थीं गोको नायक की ओर–तरह-तरह की आकांक्षाओं से बोझिल। सुमो को शंकर सता रहा था। जोबा सुकेल को लेकर उत्साहित थी और मारिया को नए जन्म की आशा थी।

गोको गाँव के सीवान से ही सन्नाटा पसरा हुआ था। एक पूर्ण खामोशी वहीं से तन गयी थी। कोई आदमी, जन अभी तक नहीं दिखा था। गाँव में प्रवेश के बाद भी सन्नाटा था। सिर्फ यही जानकारी मिली कि रात फौजियों ने छापामारी की थी। चार-छः औरतें डरी-सहमी रह गयी थीं। गोको नायक का घर खाली था। अगल-बगल कोई मर्द नहीं था। दिन में भी भयावह अँधेरा था। बुझे दीए की तरह कुछ बच्चों ने उन्हें घेर लिया था। कुछ पूछने पर बच्चे रोने लगते थे।

''गोको माराम बा भी नहीं हैं?'' जोबा जोर से चीख पड़ी थी। उसके गाल आँसुओं से तर थे।

एक झुर्रीदार, लटों वाली बुढ़िया धीमे से उसके कान में फुसफुसायी, ''नायक के लिए ही करमजरू फौजी आए थे।''

''तब ले गये इन्हें?''

''नहीं,'' वह उसी तरह बोली, ''उसके पहले नायक, तालो और कई लोग गाँव से पहले निकल गए घोड़ों की टाप सुनते। मगर आने के बाद कहर बरपाया दुश्मनों ने? बाकी बचे लोगों को मारते-पीटते पकड़ ले गए, बुधनी उसी दिन से लापता है।''

गुस्से में भर उठी जोबा, ''तुम लोग ताकती रहीं दक्को आयो? छिः पत्थर भी नहीं मिले तुम्हें?''

''कोई होश में नहीं था, बिटिया।''

''अब से घर-घर पत्थर रखो। बरसा कर दो। घोड़ों पर समझी? डरोगी तो मरोगी। वैसे भी भूखे-प्यासे मर ही रही हो।''

मारिया कुछ-कुछ बूझने की कोशिश कर रही थी; परन्तु सुमो उसे समझाती जा रही थी। मारिया से भी सहा नहीं गया तो बोली, ''मैं बुधिया का पता करने कोठी तक जाऊँगी। पहले कैंप की ओर जाती हूँ।''

''अकेली जाओगी, दीदी?''

''किसी भी संताली के साथ जाने में खतरा है। अकेली रहूँगी तो अँग्रेजों को शक नहीं होगा।''

वह रात तक पहुँची कैंप के पास। फौजी-पुलिस जश्न में मशगूल थे, कैम्प फायर

था। वह सबसे आँखें बचाती हुई पोटेंट के कमरे में घुस गयी। पोटेंट अकेला पी रहा था। बुधिया उसी टेंट में एक तरफ बैठी थी। मारिया समझ गयी।

पोटेंट चौंका और मुग्ध उसे पकड़ता हुआ झूलने लगा। ''इतने दिनों से कहाँ थीं मारिया तुम। तुम्हारे बारे में सोच-सोचकर पागल हो रहा था।''

पोटेंट उसे चूमता जा रहा था, बेशऊर। ''रुको साहेब। पहले इस लड़की को उधर छुपा दूँ?''

''हटा इस काली-कलूटी को सामने से?'' पोटेंट लड़खड़ाता हुआ लुढ़क गया।

बुधिया को खींचकर अँधेरे में ले आयी मारिया और इशारे से समझाया, ''जल्दी से भाग अपने घर।''

बुधिया जब आँखों से ओझल हुई तो टेंट में लौट आयी मारिया। वह पोटेंट के साथ पड़ी रही रात भर। टेबल पर लैंप के नीचे प्लेट के मुर्गे में छुरी-काँटे धँसे थे। पोटेंट और उसका शरीर अलग हुआ तो मारिया धीरे से उठ गयी। उसने हाथों में छुरी-काँटे उठा लिए और लगी ताबड़तोड़ पोटेंट की गर्दन गोदने। जब उसे विश्वास हो गया कि पोटेंट मुर्दा हो गया है तब खून से लदफद जंगल की ओर भागी। उसने वृक्षों से घिरे पत्थर के टीले पर बैठकर रात काट ली। चिड़ियों के चहचहाने के पहले भागी भोगनाडीह की ओर।

''यह तुम्हारी दशा कैसे दीदी?'' जोबा हैरान है।

''पहले अपने कपड़े बदलने के लिए दो।''

कपड़े बदलकर अनायास मुस्कुरायी, ''कैसी लग रही हूँ?''

''असली संतालिन।''

''तब मैं भी आज से मारिया नहीं, जोबा की दीदी शोभा।''

''शोभा?''

''हाँ रे। मेरा यही माँ-बाप का दिया नाम है।''

''अच्छा, दीदी। सारा दिन, सारी रात रही कहाँ?''

''उस चौबीस घंटे के भीतर एक जबर्दस्त घटना हुई।'' शोभा बताने लगी, ''पहली खुशी यह है कि बुधिया अपने घर लौट आयी। दूसरी खुशी है कि दुराचारी पोटेंट इस दुनिया में नहीं रहा।''

अचरज से आँखें फाड़-फाड़ कर ताकने लगी जोबा, ''ऐसी अनहोनी कैसे हो गयी?''

''तुम्हारी दीदी ने अपनी तमाम लुटी अस्मिता का बदला लिया।'' उसने आगे कहा, ''अभी चल, बुधिया देख लोगों को सजग कर दें।''

''किसी को पता नहीं कि पोटेंट को किसने मारा। मुझे न किसी ने पोटेंट के टेंट में घुसते देखा, न निकलते। सब कुछ एक घंटे के भीतर हो गया।''

''गोरे फौजियों ने हमें देख घेर लिया तो?''

"वे औरतों पर क्या शक करेंगे। उनका शक विद्रोहियों पर होगा।"

चलते-चलते रास्ते में बोली जोबा, "बुधिया को फिर पकड़ने के लिए आएँगे।"

"गाँव वालों को समझा-बुझाकर बुधिया को साथ ले लेंगे।"

दोनों हहास बाँधकर चलती रहीं। जैसे पाँवों में चिड़िया के पंख लगे हों।

घोड़ों की टाप से जंगल झनझना रहा था। फौजियों को जो भी दिखता, गोली से उड़ा देते। इनका शक पक्का हो गया, वे बुधिया की टोह में होंगे। पोटेंट की हत्या कर भागी है। शोभा सोचती है, अगर बुधिया पकड़ी गयी तो भारी कलंक माथे लगेगा। इसके पकड़े जाने पर तो कोई बात नहीं। जोबा को व्यर्थ साथ लायी। अब इस बोझ को कहाँ छिपाए?

"जानती है, जोबा।" शोभा कहने लगी, "मैं अकेली होती तब तो कोई बात नहीं। अपना समझकर कुछ नहीं बोलते। मगर तुम्हारे साथ दोनों पर खतरा है।"

"घबड़ा नहीं दीदी। हमारे साथ मरांग बरु हैं। किसी भी कंदरा में छिप लेंगे। बिल्कुल पता नहीं चलेगा।" जोबा अद्भुत साहसी लड़की है। आफत में भी कठोर हो जाती है।

यह भी संयोग ही था कि गोरों के गोको गाँव पहुँचने के पहले बुधिया के साथ दोनों निकल चुके थे। फौजी गाँव के चारों ओर घूमकर निकल आए। रास्ते में झाड़ियों में पड़े खून से लदफद कपड़े देखकर रुक गए। वे देखकर चौंक पड़े। कपड़े उन्हीं के घराने के थे। उन्हें लगा कि रावर्ट की मारिया बेगम की हत्या कर दी गयी है। फिर भी, पोटेंट साहब की हत्या से सरकार की प्रतिष्ठा गिरी थी। वे अपमान-बोध से आगबबूला थे।

जोबा और शोभा जिस कंदरा में बुधिया के साथ छिपी थीं, घोड़े उसी के करीब से गुजरे। शोभा ने कपड़े उठाते देख लिया था। उसे हँसी आ गयी। "काहे हँसी, दीदी?"

"चलो यह अच्छा हुआ।" शोभा कहने लगी, "अब कोठियों में बात फैल जाएगी कि मैं भी मार दी गयी हूँ।"

"यह तो बड़ी बात होगी। मगर तुमको उनसे बचकर रहना होगा।"

वह खिलखिलाकर हँसी। "बिल्कुल नहीं, अब संताली लिबास में कोई साला नहीं पहचानेगा मुझे। अब से तीर-धनुष रखूँगी साथ में। कौन चलाना सिखलाएगा मुझे?"

"मेरा सुकेल।"

"कैसे मिलेगा जोबा?"

"गोको बादाम बा को छोड़कर कोई नहीं जानता उसका ठिकाना।"

जो भी हो, इलाके में बड़े साहब की हत्या को लेकर भारी हलचल थी। धूर्तों की अक्ल हेरायी हुई थी। पहली बार हुकूमत को एहसास हुआ कि सरल, साहसी और बुद्धू ही नहीं, विवेकी भी हैं। साधनहीन होते हुए भी छापामार लड़ाई का इतिहास था संतालों का। मगर रावर्ट और पोटेंट की हत्या जिस प्रकार हुई है वह हैरतअंगेज है। इस रहस्य

का पता करना उनके लिए कठिन लग रहा था। उन्होंने सूदखोरों, जमींदारों को इसका पता करने का जिम्मा सौंपा था। मारिया पर भरोसा था कि वह अँग्रेजों की वफादार बनेगी। लेकिन डकैतों ने उसकी भी जान ले ली। फिर भी, जिस ईस्ट इण्डिया कंपनी ने अपना व्यापारी नकाब उतारकर साम्राज्य की रचना रचायी थी उसके पास अक्ल और धूर्तता की कमी नहीं थी। छल-प्रपंच, लालच और दगा की माया भी उन्हीं के पास थी।

निलहों का साहस संताल परगने में लड़खड़ाया था। जंगलों में अलग-अलग और बँटकर नील की खेती निरापद नहीं रह गया था। अभी भी ऐसे बीहड़ थे जंगलों में, जहाँ मिलिटरी के लिए पहुँचना आसान नहीं था। गिरफ्तारियाँ, हत्याओं के बावजूद संताल-विद्रोह कुकुरमुत्ते की तरह भीतर-भीतर उगता ही जा रहा था। कई इतिहासकार इन जंगलों में आए, मगर इनकी बहादुरी की गाथाएँ ही ले गए अपने साथ। ऐसे विद्वान शिक्षाशास्त्रियों की जरूरत थी जो इंग्लैंड से आकर इनकी संस्कृति और संस्कार ही कुंद कर दे, जिनकी मातृभूमि के लिए प्यार ही हर ले।

उन दिनों राजमहल की कोठियों का मैनेजर कैम्पबेल था; जिसे सरकार ब्रिटिश पूँजी में वृद्धि करनेवाले निलहों में सबसे चतुर और साम्राज्य-भक्त मानती थी। कैम्पबेल नम्बर वन घुड़सवार था। उसने राजमहल के जंगलों, तलहटियों में निलहों की सुरक्षा और संरक्षक की जिम्मेदारी उठा ली। घोड़े पर निकलता तो सारा इलाका काँप जाता। उसी के आतंक का परिणाम था कि नील के संताल खेतिहरों ने जगह-जगह झुग्गियाँ रखने की व्यवस्था कर रखी थी। जब कभी कोई अत्याचारी मँडराता हुआ दिखता, ग्रामीण डुग्गी बजाने लगते। अगल-बगल से किसान-मजदूर लाठी, भाले, गंड़ासे और तीर-धनुष के साथ अत्याचारी पर टूट पड़ते। ऐसी जानकारी कैम्पबेल को भी थी। मगर भयंकर हिम्मतवर थी वह। अकेला ही माह जंगल की ओर निकल पड़ता।

शोभा जब-तक मारिया बेगम थी, उसने न कभी कैम्पबेल को देखा था, न उसका नाम ही सुना था। उसे भी सुन-सुनकर अचरज हो रहा था। अग्नि-सा खौलता उसके भीतर प्रतिकार दिन-प्रति-दिन उसे निर्भीक बनाता जा रहा था और पोटेंट की हत्या के बाद जोखिम के साथ रोमांस में उसे मजा आने लगा था। कैम्पबेल के लिए जब-तब बेचैन हो उठती थी। जोबा, सुमो और बुधिया को इस्पात की तरह धारदार और निर्भय बनाना चाह रही थी। एक तरह से वह औरत-गिरोह की स्वतः अगुआ हो चुकी थी। अपने तरह की पच्चीस जुझारू औरतों का जत्था चाह रही थी वह। सरकार और निलहों के लिए वह पहली और भयावह घटना थी।

बुधिया तीन-चार और लड़कियों के साथ आखर-ज्ञान शुरू कर चुकी थी। इन्हें अपने घर-परिवार से ज्यादा मतलब नहीं रह गया था। अपने विद्रोहियों के साथ जुड़ने के लिए वह बेताब थी। गोको नायक उनके बीच के सूत्रधार थे। उनका कहीं पता नहीं था। जोबा और शोभा छान गयीं उनके सारे अड्डे।

इस बीच पाँच-सात बंदूकधारी सिपाही महेश दारोगा के नेतृत्व में डुग्गी बजा-बजाकर

ऐलान कर रहा था—''सुनो, सुनो.....वनवासियो सुनो! जो कोई शोभा नाम की गैर आदिवासी महिला को जिन्दा मुर्दा हाजिर करेगा, उसे सरकार एक हजार रुपए इनाम देगी।....''

झाड़ियों के बीच छिपी शोभा ठहाका मारकर हँसी, ''सुन जोबा, मैं भी वीर सिंह और सुकेल की कतार में आ गयी। अब देख, डरपोकों को कैसे भगाती हूँ यहाँ से।''

उसने झोले से डुग्गी निकाली और ताबड़तोड़ बजाने लगी। अगल-बगल से औरत-मर्द अपने पारंपरिक हथियारों के साथ दौड़े। बंदूकधारी सिपाही डरकर सूखे पत्तों की तरह उड़े वहाँ से। वे सभी हँसती-हँसती लोट-पोट हो गयीं।

''अब चलते हैं निर्भय अपने रास्ते।'' शोभा निःशंक बोली। ''चलकर बीहड़ में बसाते हैं जुझारू औरत गाँव। वहीं जंगल साफ कर करेंगे खेती। जोबा और सुमो का रचाएँगे ब्याह।''

दोनों लजा गयीं।

''कहाँ मिलेंगे सुकेल और शंकर।'' बुधिया ने पूछा।

''शंकर!'' फुसफुसायी सुमो, ''क्या पता, शंकर इस दुनिया में है भी, या दुश्मनों ने निगल लिया।''

शोभा ने उसके सपने जगा दिए थे। रास्ते भर चुप और गुमसुम रही सुमो। दूर से हाथी का चिंघाड़ सुन वे चौंकीं। जोबा उछलकर बोल पड़ी, ''कुछ समझ में बात आयी, दीदी?''

''कौन-सी बात रे?''

''हाथी है तो मंगरा भी होंगे। मुझे तो लग रहा है, सभी साथ-साथ होंगे।''

''सभी का मतलब, जोबा?''

''गोको नायक, तालो और सभी साथी।''

''ईश्वर करे, तुम्हारी बात सच निकले।''

सुखद क्षणों की तरह उन्हें लगा, जैसे गोको उन्हें मिल गए हों। वे अपनी-अपनी कल्पनाओं में उभती-चुभती चलती जा रही हैं अनजान मंजिल की ओर। अनायास मंगरा समा गया था उसकी कल्पना के भीतर। हठात् बोली, ''जो भी हो, मगर मंगरा है बहादुर आदमी। उसने मुझे बर्बादी से बचा लिया।''

''कैसे दीदी?'' जोबा ने पूछा।

''न कमीना रावर्ट मरता, न नरक से मेरी मुक्ति होती। और, सबसे बड़ी बात यह कि नेकी का रास्ता मुझे मिला उसे सात जनम में भी नहीं पा सकती थी।'' उसने उल्लास में जोबा का हाथ थाम लिया, ''फिर जोबा, बुधिया, सुमो जैसी बहनें और तुरिया, लुको जैसी काकी कहाँ मिलतीं। संताल-लड़ाई में मेरी भागीदारी नहीं बनतीं। पापिन की जिंदगी ढोती-ढोती चील-कौवे की मौत मर जाती रे!....''

बोलते-बोलते डबडबा जाती है शोभा। पिछली जिंदगी उसे कमजोर बनाती है।

कल और आज की शोभा में आसमान जैसा फर्क है। कल की जिंदगी को दफना देने में ही कल्याण था। यह जो जिंदगी जोबा की संगति में मिली है उसे फाँसी के तख्ते तक बचाए रखने में जीने का असल सुख है। वह आँचल में टपकते लोर बटोर लेती है।

बुधिया बात पलटने की कोशिश में है। सामने पहाड़ टीले की शक्ल में लटका हुआ है। काफी दूर तलहटी का फैलाव है। तलहटी हथेलियों के आकार जैसी है। उसके अंदर चार-छः कुडिया नजर आ रही हैं, चार-छः गाँव की तरह।

''एक बात बोलूँ दीदी,'' बुधिया ने सबकी सोच अपनी तरफ पलट दी।

''बोल ना।''

''आज भर इसी बस्ती में ठहरें तो कोई हर्ज?''

''कोई हर्ज नहीं है,'' शोभा बोली, ''मगर हाथी से मुलाकात हो जाय तो शायद मुझे पहचान ले। मैंने उसकी बड़ी सेवा की। अपने हाथ से काट-काटकर पीपल के पत्ते उसे खिलाए हैं। भवेश महाजन से तो जलता था। गोको नायक और मंगरा की तलाश शायद सफल हो जाय।''

शोभा की राय सबों को जँची थी। मगर शोभा चाहती थी कि पहले हाथी मिल जाय। मगर फिर बहस-राय के बाद यही विचार बना कि हाथी जब यहीं आसपास है तो आवाज फिर कभी न कभी तो आएगी ही। वे बस्ती की ओर उतरने लगीं।

जोबा खुशी के मारे चिल्लायी, ''शोभा दी, वहाँ देखो, मिल गए हमारे सभी लोग। तालो अचंभे से हमारी ओर देख रहा है।''

वह वाताश की तरह दौड़ी और गोको नायक से लिपट गयी, ''माराम बा। हम सामने से आगे सरक गए होते तो आपको खो चुके होते न?''

''इतना दल लेकर कहाँ जा रही थी तू?'' गोको ताज्जुब में पूछ बैठे।

''हम तो आपकी तलाश में निकले थे, अपनी कुलपति शोभा के साथ।''

''कुलपति शोभा।'' गोको चौंके, ''वही शोभा जिसकी गिरफ्तारी के लिए अँग्रेजों ने इनाम रखे हैं?''

शोभा ने लपककर उनके पाँव छुए। गोको उसे उठाते हुए बोले, ''पाँव तो इस बहादुर महिला के हमें छूना चाहिए। लेकिन बेटी, पोटेंट की हत्या अभी तक रहस्य बनी है। कैसे हो गयी ऐसी भारी घटना।''

''सब कुछ बताती हूँ माराम बा, पहले बताइए, और लोग कहाँ हैं?''

''सभी हैं, बिटिया। घाटी पार से आते ही होंगे।'' वे बाहर ही जमीन पर बैठ गए। ''लेकिन जोबा, किसी महाजन....जमींदार की नजर शोभा पर नहीं पड़ी? वे हमारे इलाके में तो जाल की तरह पसरे हैं।''

''हमारा पता तो उनके बाप को भी नहीं मिलता।''

वे शैतान इनाम के लालच में आयो-बहिन भी दे सकते हैं।''

शोभा को भवेश महाजन का क्रूर चेहरा ख्याल आया।

उनके बातचीत के बीच ही आ गए थे। हाथी ने उसे दूर से पहचान लिया था। उसने सूँड़ उठाकर खुशी का इजहार किया; जैसे शोभा को सलाम कर रहा हो। वह उठकर उसके सूँड़ से लिपट गयी। उनके बीच पारिवारिक माहौल बहुत दिनों बाद लौटा था।

बहुत जल्द अँधेरे में डूब गयी सारी बस्ती। मगर लकड़ी का कुंद सूरज की तरह जल रहा था। किसी को नींद नहीं आ रही थी। बातों का सिलसिला टूट नहीं रहा था। सुकेल की जानकारी के लिए मन बहुत छटपटा रहा था। मगर होठ खुल-खुलकर बराबर बंद हो जा रहे थे। गोको ने कहा, "हम यहाँ से तीसरे मोर्चे की तैयारी में थे। हमने हथियार जुटाने शुरू कर दिए हैं। हमारे अभी दो ही उद्देश्य हैं—महाजनों का खात्मा और निलहों से अपनी सुरक्षा। इलाके में कैम्पबेल का आतंक है। कैम्पबेल के कारण निलहों में उत्साह बढ़ेगा। उसके आतंक को तोड़ना है।"

शोभा अनबोले सबकुछ गुनती जा रही थी। मंगरा उसे टुकुर-टुकुर निहार रहा था; जैसे मन की बातें कहने के लिए बेचैन हो। जोबा धीरे से शोभा के कानों में आह्लादित फुसफुसायी, "अब से मंगरा दादा की गृहस्थी बसेगी इसी ठौर। काहे दीदी?"

कहकर हँसी थी वह। शोभा समझ रही थी। उसने बात पलटी, "मैंने कुछ वायदे किए हैं तुमसे।"

"कैसे वायदे, दी?"

"किससे?"

"सुकेल से, और किससे?" वह जोबा को खींचकर दूसरी तरफ ले गयी, "सुकेल को कल-परसों बीहड़ से बुला लाऊँगी।"

जोबा उन्मुक्त हँसी।

बुधिया गुनगुनाने लगती है। सभी मिलजुलकर उसे स्वर देती हैं—

"नाले धाड़कारे सीसारारे—
दोन आने चियो नालोना रागा।
चिञ मिनाञ मोर पियो नालोन पियोज
कुँआरी मौन पियो डाले-डाले।
होरेञ चालाक् मिस हारेम पाञ्जाय
विरेअ चालाक् मिस् विरेञ पाञ्जाय।
जाँहाय दुड़व मिस, तांहांम रागा।
नाला किदिञ दोंम नासुन मिस।"

मतलब कि हे पपीहे! आँगन में शीशम का पेड़ है। तुम उस पर फुदक-फुदक कर मत बोलना। जब तक मैं क्वाँरी हूँ, तब तक पीपी मत बोलना; क्योंकि बोली सुनने से मेरा क्वाँरा मन हिल-डोल करने लगता है—विह्वल होने लगता है।

हे सुग्गा! कहीं जाने लगती हूँ तो तुम पीछा करने लगते हो। जंगल जाती हूँ, तो

वहाँ भी साथ हो जाते हो। जहाँ बैठती हूँ तो तुम प्यार भरी बातें सुनाने लगते हो। ऐ पालतू सुग्गा! तुमने मुझे चंचल कर दिया है।

खेतौरी वंश के लोगों की जमींदारी संताल परगने में थी। जंगल तराई और बेलपत्ता स्टेट के वे मालिक थे। अँग्रेजों की शासन-व्यवस्था से वे ऊबे हुए थे। परन्तु उनके पास ऐसी ताकत नहीं थी, कि वे अँग्रेजों से लोहा ले सकते। वे खुलकर सामने नहीं आते थे। मगर उन्होंने लछिमपुर के खेतौरी राजा वीरसिंह मांझी को उत्तेजित करने का बहुत बड़ा काम किया था। सिंदरी के कोलाह परमाणिक और हथभंगा के डोमा माँझी वीरसिंह के नक्शे कदम पर चल रहे थे। परोक्ष रूप से खेतौरी वंश के जमींदार समय-समय पर उनके लिए रसद-पानी का इंतजाम कर दिया करते थे। जब औरत-जत्था का उन्हें पता चला तो उन्होंने इनके बसने और रसद-पानी के लिए खुलकर व्यवस्था कर दी थी। उन्होंने गोको नायक को अपना आदमी भेजकर बुलाया और अँग्रेजों के खिलाफ भरपूर अग्नि बीज डाल दी उनके भीतर। उन्होंने समझाया, अगर अँग्रेजी हुकूमत को कमजोर बनाओ तो संताली समाज गुलामी से मुक्ति पा सकता है। पहले तो गोको नायक हिचके कि खेतौरी है तो जमींदार ही। और जमींदार अँग्रेजों की तरह ही आदिवासियों के भी दुश्मन हैं। उनका दोहरा चरित्र गोको को पसंद नहीं आता था। वह सोचता रहा, आखिर वीरसिंह माँझी की तरह खुलकर साथ होने में क्या हिचक है, मगर लगातार संतालों के खिलाफ उनकी कोई हरकत नहीं देखी तो चुप्पी साध गया और उनकी सहायता स्वीकार करने लगा। वीरसिंह ने भी गोको की शंका निर्मूल कर दी थी। सबकी चेतना बराबर नहीं होती, जैसे अपने हाथ की पाँचों उँगलियाँ भी बराबर नहीं हैं। वीरसिंह ने उन्हें तरह-तरह के उदाहरणों से समझाया था कि राजमहल के अलावे भी निलहों की कोठियाँ प्यालपुर, बलबत्ता, डकैता और गोडा में भी पसरती जा रही हैं। उनसे सामने के लिए चौतरफा मदद जरूरी है।

वीरसिंह माँझी उनके पास आया था। उसी से पता चला कि शंकर उनके दल में है और सुकेल के साथ मिलकर काम कर रहा है। वीरसिंह ने ही उनकी नई बस्ती का नाम 'आजाद गाँव' दिया था। शोभा सर्वमत से आजाद गाँव की कुलपति चुन ली गयी थी। गोको नायक को माँझी बना दिया गया था। वहाँ ग्राम-व्यवस्था कायम करने के बाद वीरसिंह ने एक नई सूचना भी दी भोगनाडीह गाँव क्रांतिकारियों का मजबूत गढ़ बन गया है। वहाँ के कुछ हिम्मतवर नौजवान आगे बढ़कर सामने आ रहे हैं। आगे चलकर वे हमारा नेतृत्व भी कर सकते हैं। जमींदार-महाजनों के भीतर जबर्दस्त कँपकँपी है।

सुमो की हँसी और खुशी एक साथ लौटी थी। जोबा का हाथ खींचती हुई जंगल की ओर दौड़ती रही सुमो।

"व्यर्थ में हैरान कब तक करती रहेगी मुझे तू?"

"मतलब?" अचानक वह ठहरती है।

"कैम्पबेल के आदमी जंगल-जंगल घूम रहे हैं।" जोबा कहने लगी, "अभी मेरा गाँव और वहाँ के लोग मेरे निशाने पर हैं। पोटन की हत्या कैसे हुई है, सब कुछ जान गया है कैम्पबेल।"

"और हमारा यह आजाद गाँव?"

"कैम्पबेल के लिए यही एक चीज रहस्य है। इसी की तलाश में निलहे, जमींदार और सूदखोर महाजन मिलकर जंगल-जंगल घूम रहे हैं।"

सुमो बोली, "हमने यहाँ जमीन तैयार की है। खेतौरी जमींदार तो भले लोग हैं, जो नील की खेती से मना करते हैं। आखिर वे भी तो जमींदार ही हैं?"

"जमींदार हैं, लेकिन निलहे साहबों से ज्यादा अँग्रेजी हुकूमत नहीं चाहते हैं। उनका मकसद है कि यह बाहरी हुकूमत कमजोर हो?"

सुमो को ताज्जुब हुआ, "ये हमारे साथ क्यों नहीं आ जाते?"

जोबा हँसी, "कमजोर लोग हैं।"

सुमो सोचने लगती है, जिसके पास धन है, खेती है, सेब है वे हमसे कमजोर कैसे हैं? हमारे पास तो कुछ नहीं है, लेकिन डर बिल्कुल नहीं लगता।

दो-तीन दिन बाद वीरसिंह की सभा होनेवाली थी। जंगल में ऐसी जगह की तलाश थी, जहाँ एक भी महाजन या निलहे को पता नहीं चले। इनके लिए सारे अनजान रास्ते थे। मगर चिंता थी। इस उम्र की लड़कियाँ अगर दासता के विरुद्ध कुछ भी सोचती हैं तो समाज का, मनुष्य का नक्शा बदल सकता है। जहाँ शिक्षा, गरीबी, अस्मिता, रोटी की चिंता सर्वोपरि हो, वहाँ की दो लड़कियाँ और एक मुट्ठी औरतें आजादी के लिए मर मिटने को तैयार हैं। 'आजादी' क्या होती इसके रूप-गंध का एहसास भी नहीं है इन्हें। बस, इतनी ही भर की कल्पना है इन्हें, कि आजादी का मतलब जुल्म का खात्मा होता है।

खड़खड़ाहट और झाड़ियों में हरकतों से ऐसा लगा कि उनके अतिरिक्त भी कोई जंतु आसपास है। वे डरी-सहमी एक वृक्ष की आड़ में खड़ी हो गयी थीं। उन्हें महसूस हुआ, इस तरह अनजान जगह में उनका अकेला निकलना ठीक नहीं था।

"कुछ-न-कुछ है।" बोली सुमो।

मगर आत्मविश्वास से भरी जोबा ने कहा, "मुझे पता है कि इस जगह बंदर, भालू को छोड़कर कोई जंतु नहीं रहता। आ, उस टीले पर बैठते हैं।"

दोनों आधे मन से उस ओर सरकती जा रही थीं। सुमो फुसफुसायी, "झाड़ियाँ इस कदर हिल-डुल रही हैं, जैसे कोई आदमी उन्हें जोर-जोर से हिला रहा हो।"

इस बार आदमी का नाम सुनते ही डरी जोबा। उसे अफसोस हुआ कि बिना किसी को कुछ बताए क्यों चली आयीं। दूर-दराज। शोभा दी तक को भी नहीं बता सकी थीं वे। उनका शक गलत नहीं था। वे आदमी थे, मगर दो थे। वे हतप्रभ थीं और

काष्ठवत खड़ी हो गयी थीं। अकबकायी जोबा बोली, "भाग चल जल्दी सुमो। हम खतरे में हैं।"

दोनों जल्दी-जल्दी पीछे मुड़ने लगीं।

वे उनका पीछा करने लगे थे। दोनों सिर पर पाँव रखकर भागने लगी थीं। वे भी दौड़ने लगे थे उनके पीछे। वे एक तरफ न होकर दो दिशाओं में दौड़ी जा रही थीं।

सुमो तो निकल भागी, मगर जोबा झाड़ियों से लिपटकर गिर पड़ी थी और दोनों के बीच घिरी हुई थी। 'माराम बा' की चीख से सन्नाटा झनझनाया और जोबा उनकी पूरी तरह गिरफ्त में थी। जोबा रोती-कलपती गिड़गिड़ायी, "आप निलहे साहब नहीं लगते। आप हमारे लोग लगते हैं। मुझे गाँव जाने दीजिए।"

दोनों विद्रूप हँसे। एक बोला, "जामुन की तरह डभडभ जवानी। मूरख हैं जो खाली जाने दें?"

"शिकारी को शिकार पाकर जैसी खुशी होती है वैसी खुशी हमें हुई है। क्यों काना भगत?"

काना भगत हँसा। "जागा सेठ। बाघ को यहाँ ऐसा ही शिकार मिलता तो क्या वह भी जिंदा छोड़ देता?"

"हरगिज नहीं।"

काना और जागा ने उसके सारे कपड़े चिथड़े कर डाले थे। जोबा झाड़ी के बीच निःशब्द, निस्तेज, असहाय और मुर्दा पड़ी थी। काना और जागा सेठ महाजन सुस्त और ढीले वहाँ से हटकर चट्टान के नीचे पड़े थे। एक उड़ता-उड़ता भय उन्हें सिहराने लगा था। काना को लगा, जैसे कई आँखों के नीचे वह नंगा पड़ा है। उसने कहा, "चल भाग जल्दी यहाँ से मान लो, कैम्पबेल साहब ही हमारी निगरानी को निकला हो। एक हजार रकम कम नहीं होती। साहब हमारी जिम्मेदारी का हिसाब-किताब माँग सकता है। सामने पड़ा तो हिसाब-किताब देना पड़ेगा।"

"मर गयी या जी रही है?"

"पलटकर कौन देखने जाय कि मर गयी कि जिंदा है।" जैसे कोई नई बात सूझी हो, "न हो तो इसी को अपने कपड़े डालकर ले चलते हैं। शायद, इनाम मिल जाय। आधा-आधा बाँट लेंगे।"

जागा झपटा उस पर, "रे उल्लू की दुम, इनाम उस गैर आदिवासी औरत के लिए है। यह तो संताली है।"

"तब क्या करें?"

"छोड़ इसे चील-कौवों के भोग के लिए। निकले हैं तो बहुत मिलेंगी ऐसी।"

"इसे छोड़ दें यहीं?"

"अगर औरत बनाकर रखना है तो घसीट ले चल।"

दोनों थके-थके हँसे और धीरे-धीरे चलने लगे।

"सुन भगत," चलते-चलते जागा सेठ महाजन बोला, "जिस गाँव में हमारा मालिकाना नहीं वहाँ से लगान-मालगुजारी वसूलना ठीक रहेगा?"

काना भगत ने कहा, "नहीं ठीक रहेगा ठेंगे से? इन्हें क्या मालूम कि मालिकाना क्या होता है। इनसे भिन्न हर आदमी इनका मालिक है। जो माँगेंगे हग के देंगे।"

जागा हँसा। "आज भरोसा हो गया कि काना आदमी भले मनहूस होता हो, मगर होता है नम्बर वन चालाक।"

"क्या मतलब?"

"मतलब कि तुम्हारी एक आँख ईश्वर ने मँगनी में नहीं छीन ली। उसके एवज में तुम्हारे मस्तक में सियार मामा की बुद्धि डाल दी।"

काना भगत को उसकी एक आँख के समर्थन से बल ही मिला। काना होते हुए भी काना भगत अभी तक अपनी जिंदगी में कभी असफल नहीं रहा है। जब से जंगल में आकर धंधा शुरू किया है तब से माल में बढ़ोतरी ही होती गयी है। निलहों की उस पर विशेष कृपा रही है। महेश दारोगा का भी खासमखास रहा है। धन-संपत्ति ऐसी चीज है साली, कि बाल-बच्चों तक की याद नहीं आने देती। प्यालपुर गए छः माह से ऊपर हो गए। अब इच्छा है कि इनाम हासिल कर ही घर दो-चार दिनों के लिए लौटे। इधर काना ने अपने धंधे का विस्तार कर लिया है। सातकोठिया गाँव की हटिया पर कपड़े के साथ-साथ चावल, मक्के का आटा की भी दुकान कर ली है। हर मंगल को स्वयं हटिया पर बैठता है। नाप-तौल में डंडी मारने में उसे बड़ा मजा आता है। हटिया रोज लगती तो और मजा आता। हफ्ते में एक दिन एक बरिस का पहाड़-सा लगता है। कैम्पबेल साहब को पटाया है। एक दिन और के लिए साहब तैयार हो गया है।

अचानक डुगडुगी बजने की आवाज सुनाई पड़ती है। दोनों थरथर काँपने लगते हैं। अब वे जल्दी भागने के फिराक में हैं। जब जागा भागने लगा तो काना ने पकड़ लिया उसे।

"सेठ भाई, मुझे रास्ता कम सूझता है। साथ चलो तो मेरी भी जान बच जाएगी। वर्ना दोनों गीदड़ की मौत मरेंगे इसी जंगल में।" काना ने कसकर पकड़ लिया जागा सेठ को।

डुगडुगी जारी थी।

धीरे-धीरे हथियारों से लैस संताली दिखने लगे थे। घिरते जाने की आशंका आसन्न थी। जागा सेठ काना को घसोड़ते हुए सिर पर पाँव रखकर भागा। काना भी बिलबिलाते-चीखते उसके पीछे भागने लगा। जागा पलक मारते ही काना की एकल नजर से ओझल हो चुका था। काना उनके गिरफ्त में आ गया। थोड़ी देर तक जोबा के बारे में पूछते रहे। परंतु फौरन उसके शरीर को तीर से छलनी कर दिया।

"दूसरा किधर भागा सुमो?" गोको नायक ने पूछा।

वे इधर-उधर दूसरे को ढूँढ़ने लगे। बहुत खोज-बीन के बाद दूसरा तो नहीं मिला,

मगर झाड़ी में जोबा की पड़ी नंगी लाश दिख गयी। उसकी जीभ मुँह से बाहर लटकी हुई थी। संभवतः खतरा समझकर महाजनों ने उसकी गर्दन दबा दी थी।

संपूर्ण आजाद गाँव इस कदर शोकाकुल था, मानों घर-घर की बेटी के साथ बलात्कार-हत्या की गयी हो। जोबा के साथ ऐसी घटना उस इलाके में हुई थी, जहाँ जागृति अधिक थी। जोबा संतालियों के लिए जंगल में टार्च अथवा मशाल की तरह थी। सबसे ज्यादा गोको और शोभा के लिए उसकी मृत्यु पीड़ा असह्य थी। ऐसी घटनाएँ तो उनकी जिंदगी की आमफहम बात थीं, युगों से ये अवश, असहाय सहन करते चले आ रहे हैं। मगर जोबा उनकी जबर्दस्त ताकत थी, जिसे दुश्मनों ने बलात हर लिया था। शोभा तो बिफर-बिफर कर रोती और बड़बड़ाती रहती है, जोबा मेरी सहेली, मुँह बोली बहन ही नहीं, मेरी जिंदगी बदलनेवाली थी। उसे देख-देखकर मुझे साहस मिलता था। अब तो मेरी सारी जिंदगी ही निचोड़ कर हमेशा के लिए चली गयी.....।

गोको बा उसे समझा-समझाकर थक रहे हैं, शोभा तो संकल्प ले चुकी है, जब तक जोबा का बदला नहीं लेगी, अनाज ग्रहण नहीं करेगी। गोको बोले, "मेरी बात समझ बेटी, दूसरा दुश्मन हमसे अनजान है। जब तक भरपूर उसका पता नहीं कर लेती, तब तक बड़ा मुश्किल है। बेहाल मत बन। तू तो अक्ल वाली है, हमसे ज्यादा पढ़ी-लिखी है। हम तुम्हारे संकल्प के साथ हैं। हिम्मत और धीरज सँजोए रख।....मुँह में कुछ डाल लें।....हमारी हिम्मत बढ़ेगी। खेतौरी जमींदार भी इतना समझा गए तुम्हें। बेमतलब प्राण गँवाने का क्या मतलब है? जोबा तो लौटकर आनेवाली नहीं है।"

खेतौरी जमींदार फिर आए थे। शोभा के भावुक मन को कुछ बल मिला था। जमींदार ने उसे समझाया था, "तुम तो इस समाज को जादुई चिराग की तरह मिली हो। हमारा लक्ष्य तो अँग्रेजी हुकूमत का खात्मा है। भारी-से-भारी बलिदान अभी बाकी है। तुम हमारी जरूरत हो। जरूरत नहीं होतीं तो अँग्रेज तुम्हें जिंदा या मुर्दा गिरफ्तार करने के लिए इनाम घोषित क्यों करते। तुमने हमारे लिए अपनी अस्मिता बेची है। मरांग प्रभु तुम्हारी पीठ पर हैं बेटी। तुम हमारी संस्कृति में घुल-मिल गयी हो। तुम हमारी अमानत हो, संताल-नारी की ताकत हो।"

तीन दिन बाद शोभा ने मक्के की रोटी मूली का साग खाया था। आँखों के लोर अनायास सूखे थे। शोक धीरे-धीरे थमने लगा था। शोभा को आभास होने लगा था, शोक आदमी की पूँजी नहीं है, स्थायी पूँजी तो उसकी हिम्मत होती है। उसने मन मारे पास बैठी सुमो को देखा। उसकी आँखें नम थीं और लोर बादलों की तरह उमड़-घुमड़ रहे थे। "अभी तक उदास हो, सुमो!" उसने और करीब खींच लिया सुमो को।

सुमो ने लोर बहने के पहले आँचल से पोंछ लिए। "जोबा की याद नहीं बिसुर रही दी।"

फफक पड़ी सुमो। शोभा ने उसे गोद में सुला लिया। "पागल लड़की। हमें अपने रोने के दिन भूलने होंगे। जोबा को अपने भीतर की ताकत समझ।"

"हमारे पास छोड़ा होता तो जोबा को बचा सकते थे।"

शोभा को पहली बार हँसते किसी ने देखा। "घोड़े तो राजकुमार के पास होते हैं—सपनों के राजकुमार। मगर घोड़े हमारे दुश्मनों के पास हैं।"

"हमारे राजकुमारों के पास घोड़े कब आएँगे दी?"

"आएँगे रे, आएँगे।" शोभा बोली, "हमारे राजकुमार घोड़े चढ़ेंगे।"

"हमारे राजकुमार—कौन राजकुमार?" सुमो ने आश्चर्यचकित पूछा।

शोभा विश्वास से बोली, "वीरसिंह माँझी, सुकेल, शंकर—हमारे राजकुमार ही तो हैं, सिर्फ कथाओं के नहीं, संताल धरती के।"

क्षण भर के लिए सुमो के मस्तिष्क में उतर आया उसका शंकर, घोड़े पर सवार। दुश्मनों की छाती पर तीर बरसाते हुए। बोली, "अभी-अभी तो आया था शंकर घोड़े पर सवार।"

उसकी आँखें स्वप्निल हो उठीं।

"आएगा रे, आएगा।" बच्चों की तरह उसके गाल थपथपाती शोभा ने कहा, "आज नहीं तो कल जरूर आएगा, दुश्मनों की छाती रौंदते हुए। देखना, सुकेल भी होगा उसके साथ।"

सुमो गुनगुनाने लगती है उसकी गोद में लेटी ही लेटी—

> "सिदो-कान्हु खुड़खुड़ी मितोरे
> चाँद-भैरो घोड़ा चुपोरे।
> देखो रे, चाँद रे, भैरो रे
> घोड़ा भैरो मुलिने-मुलिने।"

शोभा ने खुशी के मारे मुख चूम लिया सुमो बोयहा का। आह्लादित हो पूछ बैठी, "ये कौन लोग रे?"

"मैं तो इतना ही सुनी हूँ कि भोगनाडीह के चुल्लु माँझी इनके बब्बा हैं। सिदो, कान्हु, चाँद और भैरो चार भाई हैं। चारों बड़े दिलेर, बहादुर और संतालपरगना को अपना संताल देश कहते हैं।"....

"इसके बाद सुमो!"

"इसके बाद मुझे कुछ नहीं मालूम शोभा दी।" उसने इतना ही कहा, "तुम्हें भी तो पता है कि जोबा का गाँव बड़ा ही दिलेर गाँव है। तभी तो जोबा दिलेर और बहादुर लड़की थी।"

हठात शोभा किसी सोच में पड़ जाती है। सुमो टोकती है, "क्या सोचने लगी, दी?"

"सोचती हूँ रे," शोभा बोली, "अभी तक उनके बारे में हमें क्यों नहीं मालूम था। तुमने भी तो कभी जिक्र नहीं किया। अच्छा, बता, तुम्हें किसने बताया?"

"पिछले हफ्ता सातकोठिया की बुधनी दक्का आयो (दादी) मुझे और जोबा को

मिली थी। हटिया पर मेरे गाँव के लाल दादा उसे मिले थे। उन्होंने ही उसे बताया था। मेरा गाँव भी तो भोगनाडीह के आस-पास ही है न, चार-पाँच बाँस की दूरी पर।''

''तब तो गोको बा को उनके बारे में बहुत मालूम होगा रे।'' वह हड़बड़ाती हुई उठी, ''चलकर उन्हीं से पूछते हैं।''

''गोको बा कहाँ हैं यहाँ। वे तो परसों ही खेतौरी जमींदार के साथ निकले हैं।''

माथ ठोंकती हुई बोली शोभा, ''हाँ रे, मैं तो भूल ही रही थी। कब तक लौटेंगे?''

''यह सब कहाँ बताते हैं हमसे?''

सुमो को एक बात सूझी, ''अच्छा दीदी, सिदो चारो दादा को तो हमारे इस आजाद गाँव की जानकारी होगी?'' बकर-बकर उत्सुक उसका मुँह ताकने लगती है।

''किस आधार पर बताऊँ, तुम्हें। उन्हें हमारी जानकारी हो भी सकती है, नहीं भी हो सकती है। हमें ही कल तक कहाँ पता था कि भोगनाडीह ने ऐसे दिलेर युवकों को जन्म दिया है।''

''सुकेल, वीरसिंह को पता होगा?''

शोभा झुँझलायी, ''कहा न, कि पता हो सकता है, नहीं भी हो सकता है।''

''लेकिन शोभा दी, तुम्हारे ऊपर इनाम के बारे में तो उन्हें जरूर मालूम होगा।''

वह सुमो को नादान समझकर हँस दी, ''अरे पगली इनाम तो सुकेल, वीरसिंह सहित एक दर्जन लोगों पर है। इससे कोई क्रान्तिकारी थोड़े हो जाता है। यह सब तो भय फैलाने की अँग्रेजी चाल है। लालची, दलाल, सूदखोर-महाजन उनके झाँसे में आ जाएँगे।''

धीरे से अँधेरा आकर पसरा था। पूरा गाँव घाटी में बदल गया था। शोभा संभवतः अकेली जगी थी। सबकुछ मौन हो चुका था। शोभा जाने क्यों उदास हो गयी थी। वह बाहर निकल आयी। हाथी अकेला पहाड़ की तरह खड़ा था। मंगरा भी कहीं था। शायद अँधेरे में पहचान लिया उसे। उसने सूँड़ उठाकर शोभा को बुलाया। वह सरकती उसके करीब आ गयी। और प्यार से सूँड़ सहलाने लगी। ''तुम्हारा मालिक कहाँ गया रे!''

हाथी ने दोनों कान फड़फड़ाए।

''तुम से भी बोलकर नहीं गया कुछ?''

हाथी उसे सूँड़ में लपेटने लगा।

''कहाँ ले जाएगा इस अँधेरी रात में मुझे?'' देर तक खिलखिला-खिलखिलाकर हँसती रही शोभा। एकदम बेपरवाह और उन्मुख।

''अच्छा हाथी राजा, तुम्हीं से दिल की बात कह रही हूँ। जिससे कहती वह तो चली गयी। मेरा ब्याह नहीं हुआ आज तक। सभी मुझे भगाते रहे। तुम्हारा मालिक मुझे ब्याहेगा रे? इस बदचलन औरत की माँग भरेगा? उससे बात करना....करोगे न?''

फिर जोर-जोर से हँसती रही वह।

लेकिन तब भी अभी तक सो नहीं पा रही है शोभा। अचानक मंगरा कहाँ से उठ

गया मन-मस्तिष्क में बवंडर की तरह बरखा झमाझम हो रही है। तन में इस कदर गर्मी है कि रात भर भीगती रहे शोभा। पहाड़ी नदी की तरह। नादान, निश्छल और अल्हड़ सो रही हैं बुधिया और सुमो लड़कियाँ। उन्हें जगाकर बतियाने से थोड़े हर लेंगी उसका मानस-ताप? झुलसना लिखा है तो झुलसती रहेगी स्वयं ताजिंदगी वही। छोटे से छोटे समाज की स्त्री में निजी आकांक्षाएँ होती हैं, चाहे व्यक्त करने का लहजा उसमें नहीं हो। पुरुष सत्तात्मक अतिशय दबाव, सामाजिक नियम-कानून के कारण दबी रह जाती है। कुंठित और दमित आकांक्षाएँ उनकी दासता के कारण जिंदगी की एकांतिकता में भीतर-भीतर टीसती रहती हैं। शोभा की कुछ-कुछ वैसी ही मनोदशा है। वह एक संपूर्ण स्त्रीत्व के लिए छानती रहती है।

बरखा अभी तक थमी नहीं थी। उसकी ताप को बरखा का कोई असर नहीं था। रात भर भीगते रहने का मन हो रहा था। बौराए मन सखुआ के नीचे खड़ी हो गयी। कपड़े बोथा हो गए तब भी। बरखा के थपेड़े भूल जाती है। अपने आप से बतियाने लगती है, ''मान ले शोभा, मंगरा तैयार ही हो जाता है तब तुम्हें सच में तृप्ति मिल जाएगी? सच-सच बताना।''

शोभा मुस्कुरायी, ''बिल्कुल नहीं।''

''फिर मंगरा के लिए क्यों बेचैन हो रही है?''

''यही तो नहीं समझ में आ रहा।''

''यही सच्चाई है तुम्हारी जिंदगी की।''

शोभा बौखला गयी, ''एकदम झूठ बात।''

मन ने उसे डाँटा, ''खबरदार शोभा? याद कर अपनी जिंदगी, पहले खाली औरत थी, एक वनमानुष की रखैल। चाहे कह ले अधेड़ की संगिनी। बिना किसी लाग-लपेट के उसके बाद मारिया बेगम हो गयी। और फिर अपने गाँव वाली अल्हड़ शोभा बन गयी। दइया रे, तेरे कितने रूप।''

लगा कि वह मन की गर्दन मरोड़कर ही दम लेगी। ''बंद कर बकवास? मैं साफ-साफ क्वाँरी हूँ। तू ही बता, मुझसे किसी ने ब्याह भी किया? मंगरा क्वाँरा है। जवान और हमउम्र है। भले किसी संताली की नहीं, मगर आदिवासी की औरत तो हो सकती हूँ न?''

''कामना नहीं थकी तेरे मन की छिः?''

शोभा इस धिक्कार के विरोध में ठठा-ठठाकर हँसी। ''सौतिन न बन। अब से नहीं आना मेरे भीतर। टुकड़े-टुकड़े कर डालूँगी।''

जी में आता है, भीगे कपड़े पहने ही लेट जाय खाट में। कपड़े बदलते समय गुनगुना रही है कुछ। हठात् बाहर से आवाज आयी, ''मालकिन।''

चौंक गयी वह। लेकिन मालकिन शब्द से चिढ़ होती है उसे। वश चले तो उसकी जबान से तराश ले यह शब्द।

"मेरा नाम शोभा है, समझे?"

"जानता हूँ, मगर डर लगता है।"

उसने मंगरा का हाथ पकड़कर अंदर खींच लिया, "तुम कैसे भीगे। कहाँ था अब तक?"

"आप ही को तो सखुआ के पीछे से झाँक रहा था।"

खिल उठी वह, "कब से?"

"जब से हाथी को दुलार रही थी।"

उसने भीगा ही मंगरा को खाट पर बैठा लिया और खुद सटकर बैठ गयी।

"सो जा यहीं।"

मंगरा सचमुच लेट गया।

"ब्याह करेगा मुझसे?"

"आप चाहेंगी तो कर लूँगा।"

अँधेरे में टटोलकर अपनी साड़ी ले आयी। "ले, झटपट लुंगी की तरह पहन ले इसे। सुबह बदल लेना।" शोभा ने उसकी बाँह पकड़ ली, "आज से नाम लेकर पुकारना मुझे—शोभा।"

"तब गोको बा के आते ही बात कर लेता हूँ दोनों के बारे में।"

'वनमानुष'! शोभा ने हल्की चपत लगा दी उसके गाल पर और दोनों चुपचाप सो गए उसी खाट में।

कथावाचक की तरह गोको नायक एक तरफ बैठ गए थे और उन्हें घेरकर बैठा था पूरा आजाद गाँव।

"सुनो, सुनाता हूँ भोगनाडीह की कहानी।" गोको नायक वाचन करने लगते हैं, "वहीं के चन्नु माँझी हैं एक मामूली आदमी। उन्हीं के चार लड़के हैं सिदो माँझी, कानो माँझी, चाँद माँझी और भैरो माँझी। एक से एक बढ़कर पट्ठे जवान। चारों के चारों बहादुर और दिलेर। उन्हें देखकर आ रहा हूँ। सिदो तो एकदम से रौबीला जवान है। पूरे छः फुट का। विशाल भुजाओंवाला, जैसे मरांग बरु ने उसे अपने हाथों गढ़ा हो। बड़ी-बड़ी आँखोंवाला। उसे तमाम दूसरी-दूसरी जातियाँ—चमार, कुम्हार, लोहार, डोम और मोमिन दिल से प्यार करते हैं और उसकी एक आवाज पर सभी मर मिटने को तैयार हैं।"

"हम भी तैयार हैं गोको बा।" अति उत्साह से बोला। सभी आँखें उसके समर्थन में उठ गयीं। जैसे बोल रही हों आँखें—सभी तैयार हैं अपने-अपने तीर-धनुष के साथ।

उस दिन आजाद गाँव में खुशी के दिन थे। बुधिया और सुमो मिलकर स्वर उठाने लगीं—

"सिदो कान्हु खुड़खुड़ी मितोरे

चाँद भैरो घोड़ा चुपोरे!
देखो रे, चाँद रे, भैरो रे
घोड़ा भैरो मुलिने-मुलिने।''

मांदर-ढोल पर थिरकने लगे सभी। मानो पालकी में सवार सिदो-कान्हो उनके सामने खड़े हों और चाँद-भैरो घोड़े पर सवार चले आ रहे हों।

चारों भाइयों की अगुआनी में सारा गाँव झूम रहा है। गोको नायक की अधूरी कथा सुनने के लिए किसी को होश नहीं है। सभी अधूरी कथा पर पागल हैं।

''तालो दा।''

''बोल बुधिया।''

''मेरे संग-संग नाचो न, रातभर आज।''

तालो मादर पर, थाप पर थाप दिए जा रहा है। बुधिया, सुमो, माजी, महुआ झूम-झूमकर नाच रही हैं—देखो रे, चाँद रे, भैरो रे....

''मंगरा दा,'' महुआ पीछे मुड़कर बोली, ''शोभा दी कहाँ हैं? अकेली नाचना उनका अच्छा नहीं लगता।''

मंगरा लपककर शोभा का हाथ पकड़ लेता है और दोनों कदम-ताल को सुर में बाँधने लगते हैं। धीरे-धीरे वे कई गोलों में बँटते जा रहे हैं। गोको नायक अलग-थलग पड़ गए हैं। दूर पहाड़ियों से एक जोड़ा बाँसुरी के स्वर रह-रहकर टकरा जाते हैं। गोको नायक पूरी कथा बाँचने के लिए कुलबुला रहे हैं। परंतु अधूरी कथा पर ही ग्रामवासियों का हाल बेहाल है।

आधी रात के बाद अनायास स्वर थमने लगते हैं। मगर बुधिया अभी तक उत्साहित है। तालो का साथ छोड़कर गोको नायक के पास आकर बैठ जाती है, ''अच्छा गोको बा, उन्होंने कुछ कहा भी आपसे?''

''कौन रे?''

''वही, बड़ी-बड़ी भुजा वाले सिदो।''

गोको बोले, ''सिदो अँग्रेजों से सीधी लड़ाई चाहता है, एकदम आमने-सामने। कुछ लोग बता रहे थे कि इसके पहले कंपनी के बड़े साहबों से बात कर लेना चाहता है।''

''क्या-क्या बतियाएँगे दुश्मन से।''

गोको ने समझाया, ''यही कि हमारी धरती खाली कर अपने देश चले जाओ। पहाड़, नदी, झरना, खेत, सब कुछ हमारा है—पूरा संताल परगना हमारा है। पहाड़ काट कर, जंगल साफ कर हमने खेत बनाए हैं। उन खेतों पर लगान-मजूरी तय करने का काम तुम्हारा नहीं है।''

''अगर बात नहीं मानें तब?''

''तब क्या? सीधे लड़ाई होगी।''

बुधिया सोच में पड़ गयी। ''उनके पास तोप है, बंदूक है। लंबी-चौड़ी फौज है,

दलाली महाजन, जमींदारों का साथ है। विश्वास नहीं हो रहा कि लड़ाई कैसे करेंगे। परंतु बोली, हर तरह से हम बहुत कमजोर हैं, बा।''

''हमारा तीर-धनुष उनके तोप-बन्दूक से भी बलवान है। क्यों नहीं हिम्मत हो रही कि हमें तोप से उड़ा दें। पचास साल पहले तिऊर किला जरूर हमसे छीन लिया था; परन्तु पहाड़ियों ने धूल चटा दी थी। आज समय बहुत बदल गया। वीरसिंह, सुकेल, सिदो-कान्हो गाँव-गाँव में जन्म ले चुके हैं। एक सिदो के बदले एक सौ सिदो रोज जन्म ले रहे हैं।''

बुधिया जैसे सपना देख रही हो, ''तब तो सिदो हमारा राज बनाएँगे, हम सिदो को अपना राजा बनाएँगे।''

''यह सपना नहीं बिटिया रे, असलियत है।'' गोको नायक भी बुधिया की तरह स्वप्निल हो चुके हैं।

धीरे-धीरे रात बिदुकने लगी है। आखिरी पहर धुँधलाता जा रहा है। नींद आँखों में पसरने लगी है। मगर बाँसुरी की टेर अभी तक नहीं थमी है। जैसे पहाड़ रात-रातभर टेरते रहने का अभ्यस्त हो।

राजा सिदो के सपने के साथ पौ फटी। हरिया का दिन था। पहाड़ उतरते-उतरते साढ़े तीन कोस जाना, साढ़े तीन कोस आना—पूरे सात कोस। बुधिया, सुमो, महुआ, बुधनी और माजी टोकरी में मूली, बैंगन लेकर तैयार थीं। सिर्फ तालो का इंतजार था जो टोकरी में मक्का भर रहा था। वे मिल-जुलकर जाने लगीं तो गोको नायक ने टोका, ''सचेत रहना भाई। समय घमासान का है। एक साथ जाना, साथ-साथ लौटना सकारे। सूरज के डूबने के पहले।''

तालो ने कंधे में धनुष और मुट्ठी भर तीर सँभाल लिया था। संतालों में एक संस्कृति है, खास कर औरतों में झुंड बनाकर चलना। बड़ी मुश्किल से हटिया भी गयीं अकेली तो लौटेंगी झुंड में। थकान महसूस हुई तो स्वतः कंठ फूट पड़ते हैं—

''चास आबाद दिन सेटेरेना
बानुक कीता बोना नुरिच नाराँङ,
किरिञ आबोल में नुरिच नाराँङ काडा,
चास आबो न में बुरु बेड़ा।''

(खेती-गृहस्थी के दिन आ गए हैं। हमारे पास हल-बैल भी तो नहीं हैं। हमारे लिए हल, बैल और भैंस खरीद दो। पहाड़ की तराई में हम खेती करेंगे।)

श्रम और गीत में अद्‌भुत समन्वय है। काम करती औरतों को गाने में रस मिलता है। महुआ और बुधिया के पास तो जैसे गीतों का भंडार हो। एक पहाड़ से उतरते ही सूरज का गोला गरमाने लगा। महुआ बड़ी सुरीली लड़की है, वंशी की टेर जैसी।

''बाड़गे रे कुंभ दो लाबाबीन में,
रोहोयाबोन में मारिच बोगाड़

पोय ताबोन में पाटाव ताबोन में,
आरजान ताबोन में आचेल पाचेल।''

(बाड़ी में कुआँ खोदो, मिरचाई और बैंगन लगाओ। कोढ़ पटा कर बेहिसाब पैदा करो।)

''दो तो पार कर गए, रह गया छोटका रे।'' सुमो बड़बड़ायी, ''मेरी प्यारी दत्तेकुरी महुआ। तेरा कंठ, कंठ नहीं, बाँसुरी है रे।''

पहाड़ के ऊपर से साफ दिख रहा था, हटिया की अभी शुरुआत है। उनके पहुँचने के बाद ही हटिया भरेगी। महाजन पहले से मँडराते होंगे। तालो ने उन्हें सजग किया, ''तराजू-बाट दूसरे के हाथ नहीं जाने देंगे तौल।''

महुआ बोली, ''तू अपने बारे में सोच तालो। तेरे पास अनाज है, तराजू और बाट है। हम तो बैंगन-मूली का भागा लगा देंगे। ला, इधर। मेरी मुट्ठी खाली है, थमा दे तीर?''

मुट्ठी भर तीर थमाकर कहता है तालो, ''यह धनुष भी?''

''ला, वह भी दे दे।'' महुआ अल्हड़ हँसी।

वे पहाड़ों से समतल पर आ चुकी थीं। हटिया अभी तक सजा नहीं था। खरीदार इधर-उधर से आने लगे थे। सूरज माथे पर तनने की ओर शुरू हो चुका था।

हटिया में घुसते ही सभी कतार में बैठीं और अपने-अपने मूली-बैंगन का बराबर-बराबर भागा बनाने लगने लगीं—एक पैसे भागा। बनिया-महाजन काँख तले दबाए और हाथ में बाट लिए घूम रहे थे। जागा सेठ ढेर हिस्सा घेरकर चावल, मक्का, कोदो अलग-अलग बोरे पर पसार चुका था। उसके अगल-बगल बैठे तीन-चार महाजन अपने-अपने हाथों बाट नचाते मुल्ला-आसामी के फिराक में थे। जागा सेठ की नजर तालो के तीर-धनुष पर थी। संभवतः इसी कारण मौन भी था। रह-रहकर उसका ध्यान काना भगत की ओर खिंच जाता था। उसकी हत्या का सारा दृश्य उसकी कल्पना में उतर-फिसल रहा था। उसके मक्के को लूटने का साहस नहीं जुट रहा था। मन ललच-ललचकर रह जाता था। तालो के दाने साफ और बड़े थे। निलहे बहुत पसंद करेंगे। उसने पास बैठे महाजनों को उकसाया, ''देख लाला सेठ उधर। उस लौंडे के पास मक्का एक नम्बर है।''

''मैं भी तब से यही सोच रहा था।''

''मगर लाला, बाट उसके पास अपना है।''

''चुप रह? फेंक दूँगा। साले की बाट उस पार?'' वह ऐंठता हुआ उठा।

''कैसे है रे मक्का, ठीक ठीक बोल?''

''चार आने में पाँच सेर।''

''ठीक-ठीक बोल, एक आने से अधिक एक पैसा नहीं दूँगा।''

तालो भी तना, ''चार आने से एक पैसा कम नहीं।''

लाला सेठ को बड़ा अचरज और गुस्सा हुआ? पहले पहल हटिया तो नहीं आया

है? स्साला बराबर बतियाना कहाँ से सीख लिया? सिर्फ एक बार और बोला, अंतिम बार कह रहा हूँ, जैसे माँगता हूँ दे दे?"

तालो उसका मुँह ताकने लगा और बाट को दोनों हाथों में उठा लिया, "चलो बाबू, जिद पर हो तो एक आने कम कर देता हूँ।"

लाला असमान से गिरा, यह मादरचोद तो उल्टी गिनती भी जानता है। अब इससे अपनी तरह से पेश आना पड़ेगा? उसने पूछा, "तुम्हारे हाथ में क्या है?"

"बाट है बाबू, असली बाट।"

"फेंक दे असली बाट अपना? मैं अपने बाट से तौलूँगा?"

इस बार तालो को भी गुस्सा आ गया। बोला, "अपमानित करोगे या जाओगे यहाँ से?"

झंझट समझकर दो और महाजन वहाँ आ गए। एक ने रोब से कहा, "माल बेचने के पहले टैक्स दिया है?"

"कैसा टैक्स?"

"हटिया का, और कैसा?"

"पक्की रसीद दोगे न?"

"लगता है, पहली बार हटिया आए हो?"

"हाँ, आया तो पहली बार ही हूँ।"

दूसरा बोला, "ऐसे नहीं मानेगा? उठा ले चल सारा अनाज?"

तीनों मिलकर उसकी टोकरी उठाने लगे। तालो ने तीर-धनुष उठा लिया, "हाथ लगाया तो मार डालूँगा सबों को यहीं?"

हटिया में खलबली मच गयी। संताल उसके इर्द-गिर्द होने लगे। तीनों महाजन चुपके से खिसक गए। उस दिन हटिया शान्तिपूर्ण चली, संताल कायदे-नियम के अनुसार। फिर किसी को अपने बाट से खरीदने की हिम्मत नहीं हुई। तालो चिल्लाकर बोलने लगा, "हमारी बात ध्यान से सुनो? सूदखोर-महाजनों के जाल से बचना चाहते हो, तो अपना बाट रखो। ये सूदखोर लोग हैं। हटिया हमसे लगती है। पराए टैक्स के हकदार नहीं हैं? अगले मंगल को आओ तो अपने-अपने हथियार के साथ आओ। किसी एक पर भी कोई जुलुम करे तो सभी मिलकर उस पर टूट पड़ो?"

जैसे-जैसे अपना माल बिक जाता, संताल अपने झुंड के साथ चल देते। तालो के साथी भी दोपहर बाद जरूरत के सामान खरीद-फरोख्त कर गाँव के लिए चल पड़े। गोको नायक की ऐसी ही हिदायत थी।

लौटते समय उनके पाँवों में पंख उग आए थे। पांखी की तरह अपने घोंसले की ओर भाग रही थीं। लंबी चुप्पी तालो को बहुत-बहुत खटक रही थी। महुआ से सटकर बोला, "महुआ रे, रा महुआ?...."

"बोल ना, तालो दा?"

"अभी दो पहाड़ शेष हैं रे!" प्यार उमड़ पड़ा, उसके निवेदन में, "कर्णकोल नदी की तरह राह सर्पीली है रे!"

"तो मैं कैसे राह छोटी कर दूँ?"

"कर सकती है तू?"

"कैसे?" वह हँसी।

"फिर से गुनगुना दे कोई गीत। वही गीत हमें जल्दी पहुँचा देगा गाँव।"

सभी लड़कियाँ स्वतः उसके अगल-बगल हो गयीं। महुआ के कंठ झरने की तरह फूटे—

"सोनेरो रूप रूपेरो रूप
सोनेरो रूप लेका गातेय मेनाय
गातेय दिस भरे सोना मुन्दोम
गातअङ इहर ज़िबो दोलो कतिआ।"

सूरज अभी पहाड़ और जंगल के बीच लुका-छिपी खेल रहा था। उन्हें खुद अचरज हो रहा था कि वे कैसे इतनी जल्दी गाँव के सीवान पहुँच गए। माजी को ज्यादा थकान लग रही थी। पहली बार गयी थी हटिया। सुमो का पेट पिरा रहा था, लेकिन गीत की ताकत उसे कुछ भी महसूस होने नहीं दे रही थी। मुआ शंकर भी कैसा जीव है कि उसे ध्यान ही नहीं कि सुमो अभी तक जीवित है, मर-खप गयी। अब तो यही जी करता है कि उसकी याद भी त्याग दे।

वंशी की टेर उनके पाँवों में बेड़ियाँ जैसी लगी। शंकर भी गाँव में इसी तरह टेरता रहता था। सुमो की रू-ब-रू धुन अभी तक जेहन में है। वह ठिठकी और चौकन्ना आवाज उकेरने लगी। पेड़ से उठेगा अपने धुन में मस्त है वंशी वाला पीठ की ओर से तो एकदम शंकर जैसा लग रहा है। एकदम लंबा-छरहरा तने जैसा। हे मरांग बरु उसे शंकर ही बना दो। उसके पाँव जादू की तरह खिंचते गए। वह बिन ताके बड़बड़ायी, "तू चल, महुआ। मैं थोड़ी देर में आती हूँ।"

सुमो बढ़ती गयी। हाँ, शंकर ही तो है। उसने पीछे से वंशी लपक ली, "बोल रे छलिया, कहाँ था इतने दिनों से?"

शंकर उसी तरह गुमसुम खड़ा था। "कैसे जान गयी कि मैं ही वही वंशी वाला हूँ?"

"तुम्हारा छल, प्रपंच अभी तक भूली हूँ क्या?"

सुमो डबडबा गयी, "तुम्हारा धुन नहीं बिसरा अभी तक। वही तो खींच लिया तुम्हारे पास।"

शंकर कहने लगा, "तुम्हारे बब्बा ने बताया कि आजाद गाँव में गोको नायक के साथ रहती हो। गाँव पता चला कि हटिया गयी हो। तुम लोगों की खेती तो बड़ी अच्छी है रे!"

"कहाँ पड़े थे तीन साल से?"

"बताऊँगा कभी।" उसने कहा, "अभी तो वीरसिंह के साथ छिपकर रहता हूँ। कई दिनों से तुम्हारी याद आ रही थी। परसों रात में ही निकला कि तुम्हें खोज कर ही दम लूँगा।"

सुमो बहुत नरम हो गयी। "चल, गाँव में चलते हैं। गोको बा अँधेरा होने पर नाराज होते हैं।"

गोको नायक दाना-पानी के बाद रात में घंटा, दो घंटा सबके साथ बैठते हैं। देश-दुनिया की खबरें बाँचते हैं। कागोच-पुथी का ब्यौरा पूछते हैं। शोभा दिन भर की खबरें बताती है।

"अच्छा, शोभा बिटिया," गोको नायक ने पूछा, "तुम्हारे पास आज की ताजा खबर क्या है?"

"गोको बा, खबर यही है कि आज हटिया में तालो ने अकेले महाजनों से लोहा लिया है।"

नायक का चेहरा अनायास विस्मित हो उठा, "कोई घटना हुई तालो?"

तालो बोला, "घटना तो नहीं हुई। मगर मैंने सूदखोर महाजनों को चुनौती दी है।"

"किस बात की चुनौती रे?"

"यही कि महाजनों का बाट हम नहीं मानेंगे। हमारा बाट, हमारी तौल हमारी होगी।"

गोको क्षणभर के लिए सोचने लगे। हमारे लोगों के सामने सबसे बड़ी दिक्कत यही है कि ये गिनती एकदम नहीं जानते। अगर बाट सही-सही उनके पास है, तब भी उन्हें ठग लेना बहुत आसान है। उन्होंने समझाने के लहजे में कहा, "इसीलिए तालो बेटे, कागोज-पुथी तीर-धनुष, भाले-बर्छे से भी बड़ा हथियार है। यही हथियार हमारे पास नहीं है। अपने कोड़ा-कोड़ी को पुथी का संगी बनाओ। खाली रोटी के लिए ही नहीं, कागोज-पुथी के लिए भी तरसो। हम इस आजाद को भी पूरा अक्षरज्ञान नहीं दे सके। पोटेंट की चाल में ही उलझे रह गए।"

जोबा की मृत्यु के बाद तो जैसे इनका ध्यान ही टूट गया हो। सुमो, महुआ, बुधिया, यहाँ तक तालो को भी अपनी शिथिलता का आभास होने लगा। तालो बोला, "कल से हमारी शाम अलग होगी, गोको बा।"

लेकिन महुआ को तालो की बातें असंभव जैसी लगती हैं। वह बोली, "इतनी दीयाबाती हम कहाँ से लाएँगे? कागोज-पुथी भी तो हमारे पास बहुत थोड़े हैं।"

गोको को हँसी आ गयी। बोले, "बिल्कुल नादान है, हमारी महुआ। सीधी-सी बात है। लकड़ी जलाकर हम चारों तरफ बैठ जाएँगे और उतनी कागोज-पुथी में मिल-जुलकर और बाँट-बाँटकर पढ़ेंगे। आयी बात समझ में?"

"आपने तो लाख टके की बात बतायी गोको बा। अब आयी बात समझ

में—सिर्फ महुआ को ही नहीं हमसबों को भी।" शोभा उलसित जोर-जोर से हँसने लगी।

अचानक गोको का शंकर की ओर ध्यान जाता है। वे पूछते हैं, "शंकर के बारे में तो पहले सुमो को ही जानकारी थी न?"

"मुझे ही पूरा-पूरा कहाँ जानकारी थी माराम बा?" वह बोली, "वह तो संयोग था कि हटिया से आते समय मैंने इसकी वंशी की आवाज पहचान ली।"

बोलती-बोलती लजा गयी वह।

"वह तुम्हारी ही टोह में भटकता तुम्हें मिल गया होगा।"

उसने बात बदल दी, "गोको बा, शंकर सिदो के बारे में नई खबर लेकर आया है।"

"कैसी खबर है, शंकर?"

शंकर ने कहा, "सिदो कंपनी के मालिकों से एक बार बतियाना चाह रहे हैं।"

"क्या बतियाना चाहता है वह?"

"सिदो अवतारी पुरुष हैं गोको बा। हमारा दुख हरने के लिए ही मरांग बरु ने उन्हें धरती पर भेजा है।"

सभी के हाथ प्रार्थना स्वरूप जुड़ गए थे। गोको नायक के समक्ष सिदो का रूप झिलमिलाने लगा था—

"सिदो-कान्हु खुड़खुड़ी मितोरे
चाँद-भैरो घोड़ा चुपोरे।
देख रे, चाँद रे, भैरो रे,
घोड़ा भैरो, मुलिने-मुलिने।"

कहते हैं, संताली जनता जब अँग्रेज शासकों से त्रस्त-तबाह होती चली गयी, तो मरांग बरु ने एक सप्ताह के भीतर सिदो को सात बार दर्शन दिए।

शंकर सुनाता है, पहली बार मेघ के रूप में, दूसरी बार अग्नि के रूप में, तीसरी बार टोपी पहने कुहासा भरे मनुष्य के रूप में, चौथी बार प्रचंड सूर्य की किरण-छाया के रूप में, फिर भूगर्भ से निकली छाया के रूप में और अंत में धोती पहने संताल के रूप में मरांग बरु का दर्शन सिदों ने किया। देवता ने उसके हाथों में एक महान ग्रंथ दिया, मगर कुछ लिखा नहीं था, एकदम सादा था। देवता ने सिदो से कहा, "तुम आजादी का संवाद कोने-कोने में फैला दो। लोग आनेवाले संकट के लिए तैयार रहें और संताल पहले की तरह आजाद हो सकें।"

इतना ही नहीं, मरांग बरु ने उसे यह भी आदेश दिया कि तुम संतालों का राज कायम करो। कंपनी राज खत्म करो। अँग्रेजों, ठेकेदारों, निलहों और उन देशद्रोहियों से बदला लो, जो अँग्रेजी सल्तनत कायम करने में अँग्रेजों के मददगार हैं। स्वयं तुम राजस्व

वसूलो—भैंसों के हल पर दो आने, बैलों के हल पर एक आना वसूल करो। अगर कोई महाजन या दारोगा तुम्हारा विरोध करे तो उसे संतालों का दुश्मन समझकर उसका वध कर दिया जाय।

एक दिन सिदो जंगल में घूम रहे थे, कंधे पर धनुष था, एक हाथ में तीर और दूसरे हाथ में भाला। अचानक देखते क्या हैं कि कोई स्त्री दूध के समान सफेद कपड़ा पहने उन्हीं की ओर चली आ रही है। स्त्री एकदम निकट आकर बोली, ''मैं तुम्हें संथाल राजा बनाती हूँ। तुम इनके दुखों को दूर करने का संकल्प लो। आज से संतालों के ऊपर न कोई राजा है, न सरकार या जमींदार-महाजन। तुम्हीं सब कुछ हो संतालों के।''

इन्हीं आवाजों के साथ सफेद कपड़ेवाली स्त्री अन्तर्धान हो गयीं। वही जोहेरा ऐरा थीं, संतालों की सबसे बड़ी देवी। देवी का ही ऐसा आदेश था।

उसने व्यर्थ जंगल में समय गँवाना उचित नहीं समझा, तत्काल लौट आया। घर आते ही उन्होंने वह बात अपने भाइयों कान्हु, चाँद और भैरव को सुनाई। पहले तो वे तीनों भाई चकित रह गए। मगर कान्हु बोला, ''तुम कितने सौभाग्यशाली हो दादा, कि स्वयं देवता मरांग बरु और देवी जोहेरा ऐरा ने ऐसा आदेश दिया। हम ऐसी संताल धरती बनाने का संकल्प लें।''

''लेकिन इस संकल्प को एकल कोई पूरा नहीं कर सकता।'' सिदो ने कहा।

''तब कैसे होगा?''

''मरांग बरु और जोहेरा ऐरा का संदेश घर-घर पहुँचाना होगा।''

''इसके बाद दादा।''

''पहले मैं कंपनी-मालिकों से बात करना चाहता हूँ।''

''मगर दादा,'' कान्हु कहने लगा, ''भागलपुर और कलकत्ता इस काम के लिए जाना ठीक नहीं होगा।''

''ऐसी क्या बात है मेरे भाई?'' सिदो को आश्चर्य हुआ।

कान्हु ने पूरी घटना सुना दी, ''चम्पीया संताल हाण्डवा स्टेट से भागकर वसलुमी नदी के किनारे पहाड़िया के एक गाँव सिलींगी में आकर रहने लगा था। अब इस सदर लैंड के बदले अँग्रेजों ने अपना निवास-क्षेत्र दामिन कोह बना लिया है, उसी का बड़ा साहब पोटन है।''

सिदो चौंके, ''पोटन साहब तो कब का एक स्त्री के हाथों मारा गया है। उसी का यह पुनर्जन्म तो नहीं हुआ है?''

''एक नाम के कई हो सकते हैं, दादा।'' कान्हु बोला, ''यह तो हाल में बुलाया गया है। इसी शैतान पोटन ने पहाड़ियों और संतालों के बीच भेद फैलाना शुरू किया है और पहाड़ियों को आँखें दी हैं कि चम्पीया को अपनी बस्ती में नहीं रहने दें।''

''यह तो सरासर जुलुम है,'' सिदो गुस्साए।

''मगर दादा, संताल और पहाड़िया में भेद फैलाने में सफल नहीं रहा पोटन।

चम्पीया के दोनों लड़के हरम्बां और करामा ने एक संताली गाँव बसाया है—पिपरा। सारा पिपरा गाँव हमारी मदद के लिए तैयार खड़ा है। दीघी का दारोगा महेश लाल दत्त बदलकर जंगीपुर आ गया है, जो पोटन का दाहिना हाथ है।''

''चिंता न कर, कान्हु,'' सिदो बोला, ''इस जालिम का वध भी हमारे हाथों लिखा है।''

पोटन साहब पहले वाले पोटन से भी बड़ा जालिम अँग्रेज था। अमालापाड़ा के केनाराम भगत और बच्चा राम भगत उसके खास सहयोगी महाजन थे। पोटन संतालों के शोषण के लिए इन महाजनों का इस्तेमाल करता रहता था। इन महाजनों के पास दो सौ सिपाही थे। महेश लाल दारोगा ने लिट्टीपाड़ा के विजय माँझी को बगैर किसी अपराध के पकड़कर भागलपुर जेल भेज दिया, जहाँ कुछ ही दिनों बाद विजय माँझी का देहांत हो गया। विजय की मृत्यु की खबर चारों तरफ जंगल में आग की तरह फैल गयी। संताल बुरी तरह खौल उठे। महेश दारोगा इनकी आँखों की किरकिरी की तरह गड़ चुका था।

इस बीच संपूर्ण संताल क्षेत्र में मरांग बरु और जोहेरा ऐरा के संदेश पहुँच गये कि देवताओं ने आजादी की घोषणा कर सिदो को जिम्मेदारी सौंप दी है। शाल वृक्ष की टहनी पूरे संताल क्षेत्र में घूम गयी। सिदो, कान्हु, चाँद और भैरो घोड़े पर सवार इलाके के दौरे पर निकल पड़े।

आजाद गाँव का मैदान आसपास के गाँवों से खचाखच भरा था। गोको नायक, सुकेल, शंकर, सुमो, शोभा दी, बुधिया, महुआ, माँझी, बुधनी, तालो सभी मिलजुल सिदो की अगुआनी के लिए लोगों को जुटाने में पिले थे। सिदो के लिए ऊँचा आसन बनाया गया था। मंगरा पीलवान सीवान पर हाथी के साथ खड़ा था। खेतौरी के जमींदार सिदो के दर्शन के लिए काफी रुपयों के साथ भीड़ में बैठे थे। गोको नायक ने सिदो के लिए बने आसन पर खड़ा होकर ऐलान किया—''आप लोग कुर्बानी के लिए तैयार रहें। हमारे भावी राजा सिदो घोड़े पर सवार पहुँचने ही वाले हैं। शंकर और सुमो कल ही उनसे मिलकर लौटे हैं। कंपनी के हुक्मरानों में हड़कंप है।''

भीड़ के बीच से आवाज उठी, ''लिट्टीपाड़ा के निरपराध विजय माँझी का बदला लेकर रहेंगे, लेकर रहेंगे.....।'' इसके समर्थन में कई हाथ लहराए। गोको नायक की छाती चौड़ी होती जा रही थी। शोभा दी उल्लास में खड़ी होकर भीड़ को निहारने लगी, जैसे आँखों और कानों को घोड़े की टाप का इंतजार हो। विशाल बाँहोंवाले सिदो हवा में लहराते चले आ रहे हों। अचानक चीखी शोभा दी, ''शायद हमारे सिदो आ रहे हैं।''

एक साथ भीड़ खड़ी हो गयी।

महुआ के होठ फड़फड़ाए—

''सिदो-कान्हु खुड़खुड़ी मितोरे
चाँद-भैरो घोड़ा चुपोरे,

देखो रे, चाँद रे, भैरो रे
घोड़ा भैरो, मुलिने-मुलिने।''

घोड़े की टाप निकट आती जा रही है। गोको नायक और तालो सीवान की ओर बढ़ते जा रहे हैं। हाथी सूँड़ उठाए चिंघाड़ रहा है, मानो जयघोष कर रहा हो। विशाल बाँहों वाला लंबा-चौड़ा जवान सिदो घोड़े से उतरा तो उस अवतारी पुरुष को भीड़ ने कंधों पर उठा लिया। वे उसे उठाकर आसन तक ले आए। सच में, अवतारी पुरुष था वह। लग रहा था, काला पहाड़-मरांग बरु उनके बीच आ खड़े हों। सिदो से जब शोभा दी को गोको नायक ने मिलाया, सिदो दोनों हाथ जोड़े उसकी ओर झुके, ''मैं महादेवी के चरणों को प्रणाम करता हूँ।''

सिदो-कान्हु के जयजयकार से जंगल गूँज उठा। मादर के ताल पर संताली नाचने लगे। खुशी के मारे अकेले संताल ही नहीं नाच रहे थे, आसपास के चमार, डोम, कुम्हार, लोहार और मोमिन भी उल्लास में शामिल थे। सिदो बोलने लगे, ''जन-आंदोलन अकेला संताली ही नहीं चला सकते। जन-आंदोलन में हमें सबका सहयोग चाहिए। लोहार भाइयों ने हमें कुठार, टांगी और अस्त्र-शस्त्र बनाकर दिए हैं। भागलपुर प्रमंडल के कमिश्नर ने भी अपनी सरकार को चिट्ठी दी है कि संताल-विद्रोह में लोहार, चमार, ग्वाला, तेली सारी जातियाँ शामिल हैं। आपके हाथों में जो नगाड़े हैं उन्हें हमारे चमार भाइयों ने बनाया है। हम एक-दूसरे के पूरक हैं–एक हैं। संताल की पहाड़ी मिट्टियों में सनी हमारे रगों में खून एक है। मैं आप से यही कहने के लिए आया हूँ कि इस आंदोलन की मशाल को बुझने नहीं दें। हो सकता है, आंदोलन की सफलता के दिन तक हम जीवित नहीं रहें, मगर हमारा यह आंदोलन अगली सदी में भी चलता रहेगा। मरांग बरु का यही आदेश मिला है कि हम संताल राज कायम करें। जनता के दुश्मनों का विनाश हो।''

सुकेल जोश में आसन पर आ गया। उसकी आँखें डबडबायी थीं। जोबा उसके मस्तिष्क में छायी थी। उसने कहा, ''हमें 'संताल डकैत' कहनेवाला महेश दारोगा अभी जिंदा है। पंचखेड़िया हटिया के मानिक चौधरी, गोरा चाँद सेन, सार्थक रक्षित, निमाई दत्त और हीरू दत्त बदनाम महाजनों का अत्याचार सीमा लाँघ चुका है। आज के दिन जोबा की शहादत हमें याद आ रही है। हम कसम खाते हैं कि हम इन डाकुओं से बदला लेकर रहेंगे। महेश लाल इन्हीं डकैतों से घूस खाता है।''

जोबा का नाम आते ही सभी की आँखें नम थीं। महुआ, सुमो, बुधिया जैसी तमाम युवतियाँ हाथों में कटार लहरा रही थीं। बुधिया बीच से ही चिल्लायी, ''मैं इसी कटार से अकेली वध करूँगी उन पाँचों डाकू महाजनों का?''

सिदो की बाँछें खिल उठीं, ''बहना, मैं जिस चीज की तलाश में निकला था वह चीज मुझे इस आजाद गाँव में मिल गयी है। मेरी यात्रा सफल है।''

बुधिया अचकचायी, ''वह कौन-सी चीज है दादा, जिसकी आपको तलाश

रही है?''

''मुझे फख्र है कि हमारी बहनें पढ़ने-लिखने लगी हैं। पुरुष के माफिक इनके भीतर भी जोश, उमंग और निर्भीकता है। आजाद गाँव के बारे में सुनता था, आज देख लिया है। आयो जोहेरा ऐरा सुन-सुनकर कितनी खुश हो रही होंगी।''

बुधिया ने कहा, ''दादा, उधर देखिए, हमारे गोको नायक को–आजाद गाँव के माराम बा को। यह सब उन्हीं का आशीर्वाद है।''

सिदो बोले, ''अब मुझे आज्ञा दो, साथियो! मुझे आज्ञा दो। इसी काम से आगे भी जाना है। 30 जून को हम अपनी महान जनता के साथ भोगनाडीह में मिलेंगे। वहीं हम हुक्मरानों के खिलाफ करो या मरो का फैसला लेंगे।''

संताल-एकता की प्रतीक शाल वृक्ष की टहनियों को गाँव-गाँव घुमाना ज़ारी था। फिर महेश लाल दत्त दारोगा ने सातकोठिया गाँव के संतालों से जुल्म कबुलवाने की कोशिश की, मगर सातकोठिया में टहनी फिरने के बाद लोगों में गुस्सा उबाल पर था। एक संताल सरदार ने महेश दारोगा के हाथ से चाबुक छीन लिया और उल्टे उसी पर तान दिया। ऐन वक्त सिदो का साथी किरता आ गया और उसने सातकोठिया को यह सूचना दी, ''गाँववालो! घेर लो इस साले दारोगा को। बंगाली महाजनों के साथ यह भी अपना वध चाहता है।''

महेश किरता का नाम सुनता था, पहचानता नहीं था। नाम सुनते ही सरपट भागा, मगर उसका एक सिपाही किरता की मुट्ठी में आ गया। दूसरे हाथ को उसने सिपाही की गर्दन में डालकर सीधे उठा लिया ऊपर। सिपाही ऐसे छटपटा रहा था, जैसे बंसी में फँसी मछली। ''बोल, टीप दूँ गर्दन?''

''नहीं किरता जी,'' वह चीखने लगा, ''गरीब आदमी हूँ। आप ही की तरह बिहारी हूँ। बाल-बच्चे भूखे मर जाएँगे।''

किरता ऐसे खुश था; जैसे पूरी अँग्रेजी हुकूमत उसकी मुट्ठी में कैद हो। मगर गरीब सुनकर उसे दया आ गयी। उसने छोड़ दी गर्दन। सिपाही को भागते देखकर वह ठहाका मार कर हँसने लगा, ''साला कैसे खरहे की तरह भाग रहा है।''

ग्रामीण भौचक थे। महेश दारोगा के हाथ से चाबुक छीननेवाले संताल सरदार ने पूछा, ''तुमने दुश्मन को जाने क्यों दिया, किरता?''

किरता बोला, ''वह हमारी तरह गरीब और लाचार है। हमारे असली दुश्मन तो कंपनी के दलाल लोग हैं, जो हमारे होकर भी दुश्मन हैं, जैसे महेश दारोगा। महेश का अत्याचार सीमा पार कर रहा है। उसका वध जरूरी है। अफसोस है कि वह हमारे हाथ से बच गया। हमारा नेता सिदो भी उसे तलाश रहा है।''

''महाजनों से घूस खाकर काफी मोटा हो गया है।'' सरदार बोला, ''लेकिन आया तो उसे जिंदा नहीं छोड़ेंगे।''

''मगर दोस्तो! पंचखेतिया में उस दारोगा के सह पर बंगाली महाजनों का

लूट-खसोट जारी है।"

परसों की घटना थी, रेलवे-लाइन में काम कराने वाले अँग्रेज कर्मचारी के साथ मानिक चौधरी, निमाई दत्त और गोरा चाँद सेन महाजन पंचखेतिया में घुस गए और लगे लूट-पाट मचाने। बकरे-बकरियाँ, मुर्गे-मुर्गियाँ छीनकर जाने लगे। चौधरी और अँग्रेज कर्मचारी एक युवती को खींचते हुए घसीट ले भागे। भादू और सुन्नो माँझी तनिक देर से पहुँचे थे।

वे पंचखेतिया के चारों तरफ दौड़े। कहीं अता-पता नहीं चला। परंतु उनकी क्रोधाग्नि थमी नहीं थी। उन महाजनों का अपना खुफिया तंत्र भी था। उन्हें पता चल गया कि सिदो के साथियों को उनकी कारगुजारी का पता चल गया है। वे तीनों महाजन मानिक चौधरी, निमाई दत्त और गोरा चाँद सेन भागकर राजमहल चले आए थे। सुन्नो माँझी को विश्वास था कि वह अँग्रेज कर्मचारी कहीं भागकर नहीं जा सकता। उसने कहा, "किरता को साथ लेकर रेलवे कैंप चलते हैं। वह अँग्रेज कहीं गया नहीं होगा।"

रास्ते में उस युवती की लाश मिली तो वे गुस्से में चीख पड़े। "अब नहीं बच सकता वह जालिम अँग्रेज?" चीख पड़ा किरता। लगभग पाँच सौ की संख्या में संतालों ने घेर लिया। ठेकेदार-कर्मचारी सहित रेलवे कैंप। सभी के हाथों में तीर-बर्छे थे। उस कर्मचारी का बच निकलना मुश्किल था। देखते ही देखते अँग्रेज कर्मचारी और तीन ठेकेदारों की जिंदगी हलाल हो गयी।

किरता को वहीं पता चला कि वह युवती सातकोठिया की बेटी मांजी थी और महुआ की सहेली थी। महुआ फूट-फूटकर रो पड़ी थी। उसके काँपते होठों से मांजी के चीखते स्वर निकले थे–

"हे सखी!
तुम्हें मालूम क्यों नहीं होता
कि शैतान पुरुष के लिए स्त्री
सिर्फ देह होती है
देह का अंगार जाने कहाँ
ठंडा-बुझा पड़ा था।
उसके झकझक कपड़े से
दुर्गंधदार शरीर से
बचा लो सखी अपना घर-समाज।
उधर देखो–वहाँ
अलग से कौन सुलगा रहा आग
मैं तलाश रही थी उसी आग को
अपने भीतर।
ठीक समय पर

आऊँगी तुम्हारे पास
भले दीन-हीन अपढ़
औरत की कतार है मेरी
भोली-काली आबनूस सूरत के भीतर
मेरी मृत्यु के बाद भी
नहीं मरेगा प्रतिकार
क्षितिज के लाल रंगवालो
उलटकर ताको वह काला पहाड़
तुम्हें सीने पर उठाकर
जल्दी आ रहा है।''

सुन्नो, किरता और भादूकी आँखें नम थीं। काला पहाड़ अभी चुप था। कर्णकोल का पानी अभी अचरज से ठिठका था। जंगल का धीरज चारों तरफ पसरा था। शोभा दी महुआ को मनाकर आजाद ले आयी थी। सिदो और किरता ने रोशनी जरूर दी उन्हें। बुधिया सबको समझा रही थी, ''हमारी चुप्पी का, अपढ़ता का कोई यह अर्थ न लगा ले कि हम सभी गूँगी हैं। अँधेरे के भीतर भी आग होती है। उसी आग में झुलसेगी हुकूमत, जल-जलकर, तिल-तिलकर मरेंगे महाजन।''

''कैसे बिसुरें रे जोबा को, मांजी को। उनकी तरह कई-कई दीदी-बोयहा को।'' महुआ रह-रहकर सिसकने लगती है। शोभा दी तक का कंठ रुँधा है। उन्हें धीरज भी दे तो कौन? गोको नायक, तालो सभी सिदो के साथ गए तो अभी तक नहीं लौटे हैं। इस कारण ज्यादा सन्नाटा है। सुमो अचानक बोली, ''शंकर आएगा।''

''बोला है कुछ?'' शोभा दी ने पूछा।

''वह मंगरा दादा के साथ गया है।''

''मंगरा दा!'' फुसफुसायी वह।

अँधेरा पसरता जा रहा है। सन्नाटा रह-रह कर चुभ जाता है। मंगरा भी गजब पुरुष है। उसके भीतर कहीं स्त्री है ही नहीं। यहीं पुरुष अधूरा रह जाता है। अपने भीतर स्त्री के बिना पुरुष सम्पूर्ण पुरुष कभी नहीं हो सकता। मंगरा सिर्फ हाथी का पीलवान है, पुरुष नहीं है। अभी वह सो ही रही थी कि मंगरा ने उसे जगाया।

''कहाँ थे इत्ते दिन से?'' उसने पूछा।

''इत्ते दिन कहाँ—दो ही दिन तो।''

''मान लिया दो ही दिन, मगर कहाँ थे?''

मंगरा मस्ती में बोलने लगा, ''जानती हो, राजा सिदो को हाथी पर बैठाकर कई सभा में ले गया। अब से मैं पीलवानी नहीं करूँगा।''

''क्या करोगे तब।''

''सिदो की फौज में भर्ती हो जाऊँगा और हाथी फौज को सौंप दूँगा। 30 तारीख

को उनकी सभा है। चलोगी न तुम भी?"

"मैं चलूँ, चाहे नहीं चलूँ—तुम्हारा संकल्प मंगलमय हो।"

"तो आज से मैं अपना नाम मंगल रखता हूँ—मंगल चमार।"

शोभा के चेहरे पर मंगलमय खुशी उभर आयी। अँधेरे में नहीं पहचान सका मंगरा। शोभा बोली, "दुनिया के लिए तुम भले मंगरा चमार हो। मगर तुम आज से मंगल हो।"

रात गहरायी तो नींद भी घहराने लगी उनकी आँखों में। सभी सो रहे थे। दोनों की आँख अभी लगी ही थी कि मोटर गाड़ी की घड़घड़ाहट से उनकी आँखें खुल गयीं। दोनों एक-दूसरे को टटोलते उठ बैठे।

"दुश्मन हो सकते हैं, शोभा!" फुसफुसाया मंगरा।

"हो सकते हैं नहीं, हैं।" शोभा उसका हाथ खींचती हुई उठ गयी। "चल मंगल, सबको जगाते हैं।"

कुछ तो स्वयं जगे थे। अपने-अपने सामने बर्छे धनुष के साथ खड़े थे। बाकी पलक मारते तैयार हो गये थे। गोको नायक बोले, "तुम लोग जल्दी गाँव खाली कर दो। एक चिरंई भी नहीं बचे यहाँ। सभी आधा कोस की दूरी पर पहाड़ियों में बिखर जाओ।"

टार्च की रोशनी जंगल को छेदकर आने लगी थी। मोटर की घड़घड़ाहट कर्कश होती जा रही थी। गोको नायक फिर गरजे, "औरतें एकदम ऊपर गुफा पकड़ लें।"

दो मोटरगाड़ियों पर पल्टन थी। पल्टन ने पहुँचते ही तड़ातड़ बंदूकें दागनी शुरू कर दीं। वहशी की तरह घंटे भर कुहराम मचाते रहे। फूँस, घास और बाँस के पत्तों से छज्जे-छप्पर और दीवारें ढहाते रहे। जब उनका पागलपन थमा तो होश आया तो टार्च की रोशनी में दिखा, खाली जानवर मुर्दा पड़े हैं। एक भी 'मैन' नहीं दिखा उन्हें। गोलियों की बर्बादी पर अफसोस भी हुआ। कप्तान गरजा, "कब सालों ने खाली कर दिया गाँव? जो भी हो, गोको, तालो और शंकर के साथ उस शोभा औरत को जिंदा या मुर्दा हाजिर करो। जाओ?"

फौजी इधर-उधर भागे।

ऊपर पहाड़ी से पता चल जाता था कि फौजी किस दिशा में जा रहे हैं। भुक-भुक रोशनी का इशारा उनके लिए काफी था। तीन जवान ऊपर की ओर एक साथ सरके आ रहे थे। शोभा गुफा के अंदर से बोली, "अब क्या देखता है तालो, शिकार अपने वश में आ गया है।"

कई तीर एक साथ धनुष से चौतरफा बरसे और तीनों जवान लुढ़कते-लुढ़कते तलहटी में जा गिरे। उनकी चीखें कप्तान के कानों तक पहुँची थीं। तब भी उसे कोई परवाह नहीं थी। उसे लगा कि गोको, शंकर और तालो भी यहीं कहीं आसपास होंगे। कप्तान ने गर्वीली आवाज लगायी, "गोको तुम लोग जहाँ, कहीं भी छिपे हो, सामने आ जाओ? तुम देशद्रोह के मुजरिम हो? तुम्हें जिंदा या मुर्दा गिरफ्तार करने का सरकारी

हुक्म है?"

उसकी आवाज पहाड़ियों से टकराकर जंगल-जंगल नाचती रही। रात भी कम विकराल नहीं लग रही थी। उन तीन के लापता होने के बाद बाकी की हिम्मत आत्मसमर्पण की मुद्रा में थी।

"साब! मेरी मानों तो लौट चलो? सुबह देखेंगे। अँधेरे में कुछ सूझ नहीं रहा।" एक बोला।

कप्तान कुछ बोला नहीं, चुपचाप पिस्तौल उसके सीने में दाग दी।

"छि?.....," नारी स्वर गूँजा, "कितने डरपोक हो? देशद्रोही हम नहीं तुम हो? तुम्हारा वध कर हमें स्वर्ग मिलेगा।"

कप्तान समझ गया, इतना साफ बोलने वाली औरत शोभा ही हो सकती है।

"तुम किधर छिपी हो जालिम औरत?" कप्तान ने अपनी आवाज एकदम ऊँची की।

"ढलान के एकदम सीधे ऊपर—तुम्हारे माथे पर?"

ढलान इतनी ऊबड़-खाबड़, पथरीली और अनजान थी कि बूट बार-बार फिसलती थी और कप्तान गिर-गिरकर सँभलता रहता था। वह एक ढोके से टकराते हुए गुस्से में चिल्लाया—"फायर?"

कुछ देर तक गोलियाँ अँधेरे में तड़तड़ाती रहीं। उस टीले पर कप्तान चढ़ा तो फिसलकर नीचे उलट गया। उसकी हैट माथे से छिटककर जाने कहाँ पड़ी थी। टार्च से टटोलने में खतरा था। अगल-बगल से तीर बिछने लगतीं। कप्तान को कुछ सूझ नहीं रहा था। उधर संताल गहरी चुप्पी साध चुके थे। कप्तान गुस्से में बड़बड़ाता रहता था। जब कुछ देर हुई तो कप्तान घबड़ाया, वे कहीं रणनीति के तहत आक्रमण तो नहीं करने वाले हैं? उन्हें पल्टन की संख्या के बारे में पता चल चुका है। इसीलिए संभवतः चुप हैं। उसने फौजियों के साथ राय-मशविरा किया। तय हुआ कि हमें भी संतालियों की तरह चुप और झाड़ियों की ओट में डेरा डाल देना है। जब तक वे समझें कि पल्टन लौट चुकी है, वे चुपके हमला कर एक-एक को भून डालेंगे। साले पहाड़ की चोटी पर खाएँगे क्या—ठेंगा?

कप्तान अपनी खोयी हैट के लिए भी सवेरे का इंतजार करने लगा।

सुबह की लालिमा छिटकी तो उसकी पहली नजर अपनी हैट पर पड़ी। हैट वहाँ से दूर खंदक में लुढ़की पड़ी थी, जहाँ से निकालना आसान नहीं था। कप्तान की हैट बड़ी कीमती थी। उसने आजाद गाँव के सफाये की जिम्मेदारी ली तो जिला कलेक्टर ने उसे यह टोपी इनाम में दी थी। यह हैट गँवाकर लौटना कायरता होगी। उसने हवलदार से कहा, "पहले मेरी हैट निकालने का बंदोबस्त करो। हैट के बगैर लौटना हार के बराबर है। मेरी मंगेतर खिल्ली उड़ाएगी।"

हवलदार बोला, "खाई कम-से-कम पचास फीट है, सर। इसमें उतरकर ऊपर आना आसान नहीं है।"

वह हँसा, “एकदम आसान है। इस रस्से को कसकर इस पेड़ में बाँध दो। कोई एक आदमी नीचे उतर जाओ और ऊपर उठा लो।”

हवलदार स्वयं नीचे उतरने के लिए तैयार हो गया। उसे कल्पना थी कि साहब उसके साहस से प्रसन्न होकर तरक्की के लिए सीधे सिफारिश कर दे; क्योंकि बदनामी से ज्यादा अपनी मंगेतर की चिंता थी। वह इस हैट को खिताब को तरह समझ रही थी। शादी से इनकार भी कर सकती है।

हवलदार रस्से के सहारे नीचे उतरने लगा तो आधे रास्ते ही नीचे फिसल गया। अब दूसरी समस्या आ गयी कप्तान के सामने। वे निश्चिंत होकर हवलदार को बाहर निकालने का तरीका सोच रहे थे; क्योंकि पेड़ से खुलने के कारण हवलदार रस्से के साथ नीचे पड़ा था। मगर दूसरा रस्सा आने के बाद ही हवलदार का बाहर निकलना संभव था। हवलदार भी उस मौत के कुएँ में अलग छटपटा रहा था।

सुबह के दस बज चुके थे।

सभी प्यास से छटपटा रहे थे। ऊपर तब संताल कहाँ गायब हैं, कप्तान को खुद आश्चर्य लग रहा था। एक ही भरोसा था, संतालों को भूख-प्यास सताएगी तो खुद बिलबिलाकर बाहर आएँगे।

“सर! मैं बेमौत मर जाऊँगा। मुझे खंदक से बाहर निकालो, साब?” हवलदार चिल्लाया।

“तुम हैट उठाकर निश्चिंत रहो?” कप्तान ने उसे आश्वासन दिया। “रसद-पानी लानेवाले लोग लंबा रस्सा भी साथ ला रहे हैं। मुझे तुमसे अधिक अपने हैट की चिंता है।”

रस्सा, रसद और कारतूस लाने के लिए गाड़ी रवाना हो चुकी थी।

30 जून की वह सभा संताल परगने की सबसे विशाल सभा थी; जिस भोगनाडीह गाँव में स्त्री-पुरुष कुल दस हजार जनता सिदो के दर्शन के लिए उपस्थित थी। सबसे पहले सिदो ने अपनी जनता को देवता मरांग बरु के आदेश दुहराए—“तुम संताल-राज कायम करो। कंपनी राज को खत्म करो। अँग्रेजों, ठेकेदारों, निलहों और उन देशद्रोहियों से बदला लो, जो अँग्रेजी सल्तनत कायम रखने में अँग्रेजों के मददगार हैं। राजस्व तुम स्वयं वसूलो, भैंसों के हल पर दो आने और बैलों के हल पर एक आना सालाना कर वसूल करो। अगर कोई महाजन या दारोगा इस कानून का विरोध करे तो वह देश का दुश्मन समझा जाय और देश के लिए उसका वध कर दिया जाय।”

इसके बाद उन्होंने देवी जोहेरा ऐरा के संदेश दुहराए, “मैं तुम्हें संतालों का राजा नियुक्त करती हूँ। तुम जाकर संतालों के दुख दूर करो। अब संतालों के ऊपर कोई सरकार, राजा, महाराजा, जमींदार या महाजन नहीं रहा। तुम्हीं संतालों के सबकुछ हो।”

इसके बाद सिदो ने पूरी जनता को मरांग बरु के चरण-चिन्ह के दर्शन कराए, जो उनके घर के चबूतरे पर उगे थे। सारी जनता सिदो का जयजयकार कर उठी। सुन्नो माँझी, किरता, भादू, कान्ह, भैरो, चाँद, सुकेल, तालो, शंकर सभी सिदो के साथ हाथों की श्रृंखला बनाए खड़े थे। सिदो ने जोरदार नारा लगाया—"जुमीदार, महाजोन, पुलिस आर राजरेन अमला को गुजुकमा।" किरता सहित सभी उस नारे को देर तक दुहराते रहे। किरता ने खुली सभा में एकमत से सिदो को राजा घोषित कर दिया—संताल राजा सिदो।

"कान्हु हमारे राजा के सलाहकार रहेंगे!" गोको नायक ने ऐलान किया।

सभा ने तालियाँ बजाकर इसकी स्वीकृति दी।

इसके बाद चाँद बने संताल राज के प्रशासक और भैरो सेनापति। इस बार संपूर्ण सभा की बारी थी। दस हज़ार कंठ एक साथ गूँजे—"जुमीदार, महाजोन, पुलिस आर राजरेन अमला को गुजुकमा। जमींदार, महाजन, पुलिस और सरकार के कर्मचारियों का नाश हो। सरकार का हुकुम नहीं मानेंगे। सरकारी टैक्स नहीं देंगे। सरकार को जो भी सहयोग करेंगे—वे चाहे संताली ही क्यों न हों, वे हमारे दुश्मन हैं।"

सिदो और कान्हु को जनता ने खुड़खुड़ी पर टाँग लिया। संताल नारियाँ झूम-झूमकर गा उठीं—

"सिदो-कान्हु खुड़खुड़ी मितोरे
चाँद-भैरो घोड़ा चुपोरे।
देखा रे, चाँद रे, भैरो रे
घोड़ा भैरो, मुलिने-मुलिने।"

उस सभा के बाद संताल-विद्रोह की आग चारों तरफ पसरने लगी। सिदो चारों भाइयों के साथ-साथ किरता, सुन्नो मांझी और भादू गाँव-गाँव दौरा करने लगे। उन्हें सभा का जो आदेश था, उसके अनुसार उन्होंने अँग्रेज सरकार, भागलपुर के कमिश्नर कलक्टर और मजिस्ट्रेट, दीघी और टिकड़ी थाने के दारोगा तथा कुछ जमींदारों को पत्र भेजे। पत्र के अंतर्गत भोगनाडीह में लिए गए संकल्प और निर्णयों को लिखा गया था। उन सभी को संतालों का अल्टीमेटम था। दारोगा और जमींदारों को पंद्रह दिनों के भीतर उत्तर देने के लिए कहा गया था।

इन पत्रों को भेजने के बाद संतालों ने चारों तरफ घोषणा करा दी कि संताल, बंगाली और पछाही महाजनों को निकाल बाहर करने और संताल अंचल को दखल कर स्वाधीन शासन-व्यवस्था कायम करने के लिए वे दृढ़ प्रतिज्ञ हैं। संताल नेताओं ने यह भी घोषणा कर दी कि लुहारों, कुम्हारों, जुलाहों, तेलियों, चमारों आदि अन्य तमाम आदिवासी जातियों के विरुद्ध कोई भी ऐसा काम नहीं किया जाय; जो उन्हें नागवार लगे; क्योंकि उनकी हमदर्दी हम संतालों के साथ है।

सिदो, कान्हु, चाँद और भैरो भूमिहीन वर्ग से आते थे, इसलिए उन्हें महाजनी,

कमियौती पद्धति, अरक्षण की भावना और आर्थिक आधार की भरपूर जानकारी थी। संतालों में कामचोरी, मादक द्रव्यों का सेवन, अंधविश्वास जैसी बाधाओं का एहसास भी क्रांति के दौरान उनके दिमाग में था। गोको नायक, सुकेल और शोभा जैसे लोग उन बुराइयों से लगातार लड़ते रहे हैं और कुछ हद तक इस दिशा में उन्हें सफलता भी मिलती रही है। महाजनों से ज्यादा अमितव्ययी संताली स्वयं ऋण लेते-देते इस परिस्थिति में पहुँच जाते जहाँ से छुटकारा पाना असंभव हो जाता। सिदो को इसका अच्छी तरह एहसास है कि यदि उन्हें पर्याप्त खाने के लिए हो जाय तो बाँसुरी की टेर लगाने या नाच-गाने में लीन होने के सिवा उनके पास कोई उद्देश्य नहीं रहता। परिणामतः वे मादक पदार्थों के आदी हो जाते। संताली सदा के लिए कर्जखोर बन जाते। फसल पैदा करते भी उसका अधिकांश भाग महाजनों के घर कर्ज शोधन में चला जाता। मूलधन से कई गुना कर्ज चढ़ जाता। कचहरियों में चालाक महाजन बही-खाते पेश कर देते और सीधे-सादे संताली बही-खाते की रकम को स्वीकार कर लेते। उन्हें तो कर्ज की रकम याद तक नहीं रहती।

कमियौती पद्धति तो और भी मारक और हृदयविदारक थी। कर्ज के परिशोधन में अपने आप को ही महाजनों के हाथों बेच देते थे। सिदो को जब एक ऐसी घटना का पता चला तो वह सुनते ही बच्चे की तरह फूट-फूट कर रो पड़े थे। तीस वर्षों से बाप-बेटे पच्चीस रुपए कर्ज के सूद पर काम करते रहे। फिर भी मूलधन ज्यों-का-त्यों पड़ा था।

संतालों का भूमि-स्वामित्व भी अक्षुण्ण नहीं था। रेहन के जरिए सारी भूमि उनके हाथों से निकल जाती। लगान की कोई सीमा नहीं रहती थी। अपढ़ संतालियों को इसका कोई अंदाज नहीं रहता था। उनकी निस्सहायता का आलम यह था कि उनके आराध्य बोंगा भी उनकी नजरों में असमर्थ दिखलाई पड़ते। चपरासियों को ही बोंगा समझकर आराधना करते और चपरासी भी उनके साथ बोंगा की तरह ही सलूक करने लगते। एक जबर्दस्त कारण यह था कि जमींदारों को लेकर इनके भीतर असंतोष था; क्योंकि संताली गाँवों को गैरसंतालियों के हाथों पट्टे कर दिए गए थे। जमींदार, गुमाश्ता, सरबराहकार, प्यादे, मुस्ताजिर-दलाल, पुलिस, राजस्व और कचहरी के अमले एक साथ अत्याचार में संलग्न थे। अन्यायपूर्ण व्यवहार, उनकी भूमि पर बलात गैर-कानूनी अधिकार और हिंसात्मक कार्रवाइयाँ सीमा पार कर चुकी थीं। बचपन से सिदो के भीतर ये सारी अमानवीय दास्तानें क्रान्ति का नवसृजन भी करती जा रही थीं। जहाँ-तहाँ चर्चाएँ और घटनाएँ सिदो को तिलमिलाती रहती थीं। संतालियों की विषमतापूर्ण सामाजिक-आर्थिक परिस्थितियाँ इन्हें एकजुट होने का स्पष्ट संकेत देने लगी थीं; जिन्हें सिदो ने साफ-साफ भाँप लिया था। युवा सिदो विभिन्न गाँवों के परगनैन और मांझी से अकसर मिलते-जुलते और हटिया-बाजारों में विस्फोटक स्थितियों की जानकारी देते-लेते रहते। क्रान्ति की परिस्थितियाँ स्वतः बनती जा रही थीं। बवंडर फूटना ही चाहता था। आवश्यकता केवल एक चिनगारी की थी; जिसकी पूर्ति बरहेट से दक्षिण अवस्थित भोगनाडीह गाँव के

संताली नौजवान भाइयों सिदो, कान्हु, चाँद और भैरो ने कर ही दी।

यह सच भी है कि अत्याचार जब सीमा पार कर चुका होता है तो प्रतिकार का उदय स्वाभाविक है जो कुछ देर के लिए हिंसा में भी बदल जाता है। क्रान्तिकारियों ने गोड्डा अनुमंडल के करहरिया थाने के दारोगा प्रताप नारायण का वध कर दिया। भयभीत भागलपुर के दंडाधिकारी रिचार्डसन और पोन्टेट ने शाहशुजा के रेलवे इंजीनियर के आवास में पनाह लिया। भागलपुर के कमिश्नर ब्राउन को क्रान्ति फैलने की जब खबर लगी तो उसने प्रतिरक्षा और डाक-परिवहन की अबाध गतिशीलता के लिए चौकसी बरती और पहाड़ी सरदारों और जमींदारों को पूरी ताकत से विद्रोह दमन के लिए आदेश भिजवाए। पहाड़ी घुड़सवारों की सैन्य-टुकड़ी रवाना कर दी गयी। पीरपैंती के पास सिदो के नेतृत्व में संताली क्रांतिकारियों ने जमकर लड़ाई की और तीर-धनुष एवं फरसों-बर्छों के बल पर सैन्य टुकड़ी को परास्त कर दिया।

कमिश्नर ब्राउन आगबबूला हो उठा। उसे हार की कल्पना तक नहीं थी। अब उसने चौतरफा हमले की योजना बनायी।

इस बीच लिट्टीपाड़ा के विजय माँझी की भागलपुर जेल में मृत्यु की खबर ने सिदो को झकझोर दिया। उसने महेश दारोगा के वध का संकल्प कर लिया। संयोग से महेश लाल दत्त ने पुनः हड़ामा माँझी, चम्पीया माँझी, आगाछिया के गरमू माँझी और पीपरा के लखन माँझी को पकड़कर सभी को भागलपुर जेल में चालान कर दिया। उन्नीस सिपाहियों के साथ स्वयं उन्हें भागलपुर जेल पहुँचाने चल दिया। रास्ते के समय रात हो गयी। उसने सोचा, क्यों न इस रात केनाराम भगत के संबंधी महेन्द्र भगत के यहाँ विश्राम किया जाय?

बरहेट के पास ही सिदो नेता डेरा डाले हुए थे। पेडरकोल गाँव के परगनायत को महेश दत्त के बारे में सूचना थी कि वह महेन्द्र भगत के यहाँ टिका हुआ है। परगनायत ने अपने आदमियों को सिदो के पास भेजा और स्वयं उस दारोगा की निगरानी करने लगा।

सिदो माँझी से दारोगा की भेंट हो गयी। वे महेश दारोगा से बोले, "संताल राज की प्रजा को कंपनी के नौकर को गिरफ्तार करने का अधिकार नहीं है। इन्हें छोड़ दो?"

उल्टे महेश दारोगा ने सिदो को अपमानित करने की कोशिश की और उन्हें भद्दी गालियाँ दीं। सिदो सहन नहीं कर सके। उसका सीधे वध कर दिया गया।

सिदो सुराजियों के साथ आगे बढ़े।

सोनारचक में गोड्डा का नायब प्रताप नारायण मारा गया। पंचकटिया में नायब सजावल खाँ संतालों का विरोध कर रहा था। कान्हु ने उसकी हत्या कर दी। डाकघरों में आग लगा दी गयी। तार की लाइनें काट दी गयीं। पीरपैंती रेलवे स्टेशन पर संतालों का अधिकार हो गया। इस अभियान में संताल नेताओं के अंगरक्षकों की सेना तीस हजार थी।

अँग्रेजों की बहुत बड़ी फौज संताल परगना आ चुकी थी। कमिश्नर ब्राउन पीरपैंती की हार से बुरी तरह आहत था। उसने ब्रह्मपुर से चार सौ फौजियों को मि. डुगुड़ के नेतृत्व में भिजवाया और मेजर बौरो को राजमहल रवाना किया। वीरभूम, बांकुड़ा, सिंहभूम, मुंगेर और पूर्णिया के कलक्टरों ने संतालपरगना अपनी-अपनी फौजें भेजीं।

संताल राजा सिदो ने अपनी फौज को कई टुकड़ियों में बाँट दिया। बीस हजार संताल सुराजियों ने अम्बरपरगने पर धावा बोल दिया। वहाँ के राजा ने अम्बर राजभवन खाली कर दिया।

राजा ने सिदो के समक्ष घुटने टेके।

उसने रसद, अन्न-पानी से सुराजियों की भरपूर मदद की। चाँद और भैरो को वहाँ की व्यवस्था सौंपकर कान्हु के साथ सिदो आगे बढ़ना चाहते थे। चाँद और भैरो को यह मंजूर नहीं था।

सेनापति भैरो बोले, ''अँग्रेजों की फौज लगातार बढ़ती जा रही है। इसलिए हमें चौतरफा हमले से बचना चाहिए।''

सिदो मुस्कुराए। कहा, ''मेरे प्यारे सेनापति। हममें और अँग्रेजी फौज में आकाश-जमीन का फर्क है। हमें सुराज चाहिए—स्वाधीन मातृभूमि। संताल परगने का बच्चा-बच्चा हमारा सिपाही है। लड़ाकू हथियार है। मरता भी है तो आजादी के लिए। इसके भीतर कहीं गुलाम मानुष नहीं। एक अँग्रेजी फौजी के बराबर एक संताल सुराजी सवा लाख फौजियों के समान है। वे सभी भाड़े के हैं, कंपनी के नौकर-गुलाम हैं। इन भाड़े के टट्टुओं में कोई देशप्रेम नहीं होता। उनमें मृत्यु डर बराबर रहता है, हमारे भीतर मृत्यु जैसी कोई चीज नहीं होती।''

ऐन वक्त किरता यह खबर लेकर आया, ''एक खुशी की खबर है, साथी।''

''कैसी खबर किरता?''

''पंचखेतिया के बदनाम महाजन मानिक चौधरी, गोरा चाँद सेन, सार्थक रक्षित, निमाई दत्त और हीरू दत्त का सुराजियों ने वध कर दिया।''

सिदो खुशी के मारे उछल पड़े। ''सच मेरे भाइयो! ये पाँचों संताल राज के सबसे बड़े जीवित शोषक थे। शोषण के बहुत बड़े भाग का अंत हो गया।''

मगर सिदो बोले, ''फिर भी शोषकों का भाग अभी हमारे बीच जीवित है। हमें एक-एक को समाप्त करना है।''

किरता इस बात पर उल्लसित नहीं दिखा तो सिदो चौंके। ''तुम्हारे चेहरे पर उल्लास की रेखा नहीं?''

''कुछ है ही ऐसी बात, जो रह-रह कर मन उदास हो जाता है।''

''मुझे नहीं बताओगे?''

''क्यों नहीं बताऊँगा।'' किरता बोला, ''सब कुछ बताने के लिए ही तो आया हूँ।''

''तो जल्दी बोल ना, साथी?''

"तुम्हारे सबसे विश्वासपात्र जासूस मंगरा चमार और शोभा दी को पीरपैंती स्टेशन से अँग्रेज पकड़कर ले गए। उन्हें निश्चित फाँसी दे देंगे।"

कुछ देर के लिए सन्नाटा छा गया। वे डबडबाए नेत्रों से बोले, "इस संवाद ने मुझे मर्माहत कर दिया रे! उस वीर नारी के लिए मेरा मन बराबर दुखता रहेगा।"

सिदो रातभर बेचैन रहे। हजार कोशिश के बावजूद नींद उचट जाती थी। उन्हें लगा, उनकी लापरवाही के कारण ही शोभा दी को फाँसी होगी। शोभा की गुजरी कहानियाँ उन्हें सोने नहीं दे रही थीं। एक गैरआदिवासी नारी का संतालियों को प्यार और सम्मान आदिवासियों के लिए अनुकरणीय है।

शोभा दी से उनकी एक ही बार मुलाकात है, वह भी आजाद गाँव की एक सभा के बीच। देवी जोहेरा ऐरा की प्रतिमूर्ति थीं वह। क्या नहीं किया है शोभा दी ने संताली जिंदगी के लिए। अपनी जान पर खेलकर नारी-अस्मिता की रक्षा करने वाली नारी को याद कर सिदो सुबक पड़ते हैं। कुछ उग्र संताली भी थे, जो शोभा और मंगरा जैसे गैरआदिवासियों को पसंद नहीं करते थे। मगर सच्चाई समझते थे कि उग्रता अकसरहाँ स्वयं के पैरों की जंजीर बन जाती है। इसीलिए उन्होंने तीस जून की विशाल सभा में उग्रवादियों के उस प्रस्ताव का विरोध किया था जिसमें सभी महाजनों के खातमा की बात कही गयी थी। संतालपरगना में सरसों की काफी उपज होती थी जिसे सीधे विलायत भेज दिया जाता था। कुछ महाजनों ने इसका विरोध किया था और उन्होंने इस वारदात के विरुद्ध चेताया भी था। कान्हु ने उन्हें बराबर सचेत भी किया है कि संघर्ष और लड़ाई के दौरान तरह-तरह के अंतर्विरोध, रुकावटें आती रहती हैं। इन्हें विवेक से समझने में ही बुद्धिमानी है। सिदो शोभा दी की सजा खत्म कराने के लिए भागलपुर जाकर कमिश्नर ब्राउन से मिलना चाहते थे। मगर कान्हु ने उन्हें रोका, "भइया! इस युद्ध के दौरान भावना से नहीं बुद्धि से काम लो। अगर प्यालपुर की कोठियाँ जहाँ हमारा निशाना है, संताली फौज उस पर कब्जे के लिए बेताब है, वहीं रास्ते में अपनी फौज को नजरअंदाज कर भागलपुर जा रहे हैं, यह निर्णय गलत होगा। अँग्रेज हमारे खिलाफ बौखलाए हुए हैं। इसलिए हमारा प्रयास पानी पर माथा पीटने जैसा होगा। उनके बीच सीधे प्रवेश का मतलब है, सहजता से गिरफ्तार हो जाना।"

सिदो सहम गए। कान्हु ठीक बोल रहा है। बोले, "तुम जाकर आराम करो। हम भोर में प्रस्थान करेंगे।"

कान्हु को खुशी है कि भाई को गलत निर्णय से बचा लिया है। लेकिन सिदो का मन अभी तक बेचैन है। सैकड़ों संतालों के मारे जाने से ज्यादा शोभा दी के लिए विह्वल है। उन्हें क्रान्तिकारियों के सपने रह-रहकर बाँटते रहते हैं। उनके भीतर कोई गीत अँकुरने लगता है–

कर्णकोल के कछार से कौन टेरता है बंशी
ओ जोहेरा ऐरा माँ!

मेरे चारों तरफ अँधेरा छाता जा रहा है।
कौन बुझा ले गया प्रकाश?
मेरी रगों में तुम्हारा खून शिथिल क्यों होने लगा है
क्यों मेरे विरुद्ध होता जा रहा मेरा मन
क्यों मुझे अकेला छोड़कर किसका हो रहा है मन—
शंकाओं का,
बोंगाओं का,
भूत-प्रेत पिशाचों का,
कौन है वह जालिम
जो मुझे बाँट रहा है
आदिवासी और संताली के बीच
कच्ची दीवार!
तोड़कर रहूँगा।
मचेगा महाभारत
जिसमें कोई नहीं मिलेगा द्रोणाचार्य
कपटी,
अहंकार
भेद और जाति का सृजनहार
इस महाभारत में
सबसे पहले मरेगा द्रोणाचार्य
जाति और धर्म का अनार्य।

सिदो की आँखें खुलीं तो कान्हु को सिरहाने देखकर चौंके, "तुम!...."

"आपकी आँखों में अविरल अश्रु-धार? क्या मैंने कोई गलती की?"

"नहीं रे!" सिदो ने प्यार से उसके गाल थपथपाए।

"तू नहीं आँक सकता इन आँसुओं के मोल। तू प्रशासक भी तो है न?"

कान्हु सुनकर हक्का-बक्का था। बोला, "दादा प्यालपुर के निलहों की रक्षा में गोरों की पल्टन आ चुकी है। सार्जेंट ब्रोडौन उनका सिपहसालार है।"

"चिंता न कर?" सिदो ने कहा, "हम उन पर अचानक इस तरह हमला बोलेंगे कि उन्हें हमारे रास्ते का पता नहीं चलेगा। तू उस कागज के टुकड़े को अपनी खुड़खुड़ी में रख दे।"

"उसमें क्या लिखा है?"

"नहीं समझ पाएगा तू। उसमें उन बटमारों के लिए चेतावनी है जो हमें फिर से बाँटने के लिए अपने सुराज-व्यवस्था में भी बचे रह जाएँगे और हमें छूत-अछूत, जाति-धर्म, बड़े-छोटे का पाठ पढ़ाते रहेंगे। सिर्फ महाजनों, जमींदारों से ही नहीं,

द्रोणाचार्यों से भी संताल-राज को बचाना होगा। सामाजिक असमानता को हटाना आसान काम नहीं होता। अर्थ-भेद से भी खतरनाक होता है।''

किरता और भादू भी आ चुके। और वे बगैर चाँद, भैरो और सुन्नो की प्रतीक्षा किए निकल पड़े।

संताली सेना गोरी पल्टन के सामने एक पल में जाने कहाँ से आकर डट गयी। सार्जेंट ब्रोडौन भौचक और हैरान रह गया। संताली फौज ने निलहों की कोठियाँ लूट लीं। अँग्रेजी पल्टन मार खा-खाकर पीछे की ओर सरकती गयी और देखते-ही-देखते एक तीर ब्रोडौन की कनपटी में लगा। वह वहीं ढेर हो गया। सिदो कान्हु से अलग होकर लड़ रहे थे। अँग्रेजी फौज ब्रोडौन की हत्या होते ही भाग खड़ी हुई। भागती हुई पल्टन के एक फौजी ने निशाना साधकर गोली चला दी। सनसनाती हुई गोली कान्हु के सीने में लगी। सिदो की दाहिनी भुजा कान्हु शहीद हो गया। मगर युद्ध जारी रहा। सिदो की नेतृत्व में विजय पताका फहराती सुराजियों की फौज पाकुड़ पहुँच गयी।

पाकुड़ अँग्रेजों की प्रमुख जगह थी। अँग्रेज साहबों और रेलवे के बड़े पदाधिकारियों के लिए सरकार ने 'मारटेल टावर' बनवाया था। इस टावर की ऊँचाई तीस फीट और चौड़ाई बीस फीट थी। जब पाकुड़ में संताली सुराजियों ने उन्हें चारों तरफ से घेरना चाहा तो गोरी फौज ने भागकर उसी टावर में अपनी प्राण रक्षा की।

उस टावर में चारों तरफ से छिद्र बने हुए थे। अँग्रेजों ने उन्हीं छिद्रों के सहारे अंधाधुंध गोलियाँ चलानी शुरू कीं। अनेक संताली मारे गए। आज भी 'मारटेल टावर' भारत में स्वाधीनता की पहली लड़ाई की गाथाएँ सुनाती है।

देशभक्तों की फौज ने रघुनाथपुर और संग्रामपुर में अँग्रेजी फौज को परास्त करते हुए वीरभूमि के क्षेत्रों पर अपना कब्जा जमा लिया। असंख्य संतालों ने अपनी शहादत दी। सिदो को कान्हु की शहादत की खबर वीरभूमि में मिली तो वे फफक पड़े। विशाल और लंबी भुजाओं वाले सिदो अंदर से टूट गए। उन्हें लगा कि हठात् किसी ने उनका संपूर्ण बल छीन लिया हो।

चाँद-भैरो भी करीब नहीं थे। उनके घोड़ों की टाप भी कहीं से सुनायी नहीं दे रही थी। ''चाँद रे, भैरो रे, घोड़ा चुपोरे।'' की प्रतीक्षा कर रहे सिदो को आशा थी। उनके लिए नवसृजित बल लिए भाई लौट रहे हों। लुहारों की टोली युद्ध के लिए टांगी, कुठार और अस्त्र-शस्त्र का जखीरा लिए उपस्थित थी। वे बोले, ''हे सिदो राजा! लड़ाई में हमारी कारीगरी किसी काम नहीं आयी तो यह जिंदगी अकारथ है। अगर आजादी हमारे दरवाजे छूकर लौटने लगे तो देशभक्ति किस काम की। उठाओ ये हथियार और हम गुलाम बनाकर रखने वाले उन दुश्मनों पर टूट पड़ें एक साथ?''

आदिवासियों में प्रतिरोधी तेवर, विरोध और विद्रोह संस्कारगत है। लुहार साथियों ने अपनी हिम्मत और दिलेरी से उनके भी डबडबाए मन को भारी हिम्मत दी। सामने बिखरे आक, टुरी, जपेडी, गोरबाआक की ओर ताकते ही आँखें चमक उठीं। उन्हें लगा

कि कान्हु जिंदा होकर लौट आया है और उनके सामने कान्हुओं की विशाल फौज खड़ी है। संताल परगने का बच्चा-बच्चा उन्हें कान्हु नजर आने लगता है।

पाकुड़ पर संताल क्रांतिकारी कब्जा कर अगली लड़ाई के लिए आगे बढ़ गए।

दीनदयाल राय महाजन पाकुड़ का मालदार महाजन था, आंदोलन की शुरुआत में ही दीनदयाल राय ने अपना सारा धन जमीन में गाड़ दिया था। उसने राजमहल को लुटते अपनी आँखों देखा था। विद्रोही महाजनों को खोज-खोजकर वध कर रहे थे। पाकुड़ की वह घटना अभी तक उसके जेहन में थी कि राजा सिदो को जब यह सूचना मिली कि एक झोंपड़पट्टी में दो बुढ़िया भूखी-प्यासी पड़ी हैं और आंदोलन के कारण किसी का भी ध्यान उस ओर नहीं जा रहा है तो सिदो उनके पास अन्न-वस्त्र और रुपए-पैसे लेकर आए और बोले, "क्षमा करना माँ! हम दुश्मनों से युद्ध के दौरान भूल गए थे कि हमारी माँएँ भूखे-प्यासे लगातार रहे जा रही हैं। हम आपके लिए कुछ लाए हैं, इन्हें स्वीकार कीजिए।"

बूढ़ी माँएँ गद्‌गद थीं। वे संताली न होते हुए भी सिदो और विद्रोहियों के प्रति ममता से भर उठीं। एक माँ बोली, "बेटा, हमें तो कुछ लोगों ने यही बताया था कि सिदो और उसके लोग लुटेरे हैं। हिरनपुर के महाजन ने तो यहाँ तक कहा कि सिदो बड़ा जालिम और निर्दयी है। वह गैरसंतालियों को जिंदा नहीं छोड़ता। परंतु तुम तो महान मनुष्य हो। करुणा-सागर हो।"

सिदो मुस्कुराए, "माता! क्रान्तिकारी अपनी मातृभूमि का सबसे दुलारा होता है। वह लुटेरा कभी नहीं हो सकता। इनको सभी मनुष्य समान रूप से प्यारे होते हैं। हम अँग्रेजों और उनके दलालों से निजात पाना चाहते हैं। इनके जुल्म को खत्म कर बराबरी और भाईचारा का राज चाहते हैं। हम चाहते हैं कि आदमी से आदमी का शोषण बंद हो। अगर इन सारी बातों में कहीं जुल्म की बात हो, तो अपना सिर झुकाए आपके सामने खड़ा हूँ। मुझे सजा दीजिए।"

माँओं की आँखें भर आयीं। उन्होंने सिदो और उनके साथियों को हजार-हजार दुआएँ दीं।

इस तरह सिदो की मानवीयता की और भी कई घटनाएँ हैं। वे बड़े भावुक और नेक इंसान थे। हिरनपुर बाजार पर दीनदयाल राय भी तो अचानक विद्रोहियों की पकड़ में आ गया था। मगर उसने बहुत हाथ-पाँव जोड़े, बहुत गिड़गिड़ाया, गलत रास्ते छोड़ने के लिए उसने देवताओं की कसमें भी खायीं। सिदो के सामने जब विद्रोहियों ने उसे उपस्थित किया तो सिदो यही बोले, "हम आदमियों के दुश्मन कतई नहीं हैं। हम तो तुम्हारी खामियों के, जुल्म, शोषण और दमन के दुश्मन हैं। तुमने अपनी हरकतें छोड़ने का वायदा किया तो हम भी तुम्हें मुक्त कर देते हैं। आज से सूदखोरी धंधा बंद करो

और श्रम कर जिओ-खाओ।"

परंतु दीनदयाल राय तो जन्मना शैतान था। उसमें मनुष्य की तरह की वायदापरस्ती कहाँ थी? पाकुड़ पहुँचते सब कुछ भूल गया और असली दीनदयाल राय के रूप में फिर से आ गया। उसे जब यह पता चला कि पाकुड़ को मुक्त करने के बाद संताल विद्रोहियों ने अपना कोई प्रशासक नियुक्त नहीं किया है तो उसकी खुशी का ठिकाना नहीं रहा। संतालों को भादू सलाह देकर लौट गया था कि गोको नायक की देख-रेख में एक पंचायत-समिति बना लें।

विद्रोही सेना की यही सबसे बड़ी भूल थी। वे जिस इलाके को मुक्त कराते उस इलाके की व्यवस्था कराने से चूकते जा रहे थे। हुकूमत और कंपनी को पता चलता कि इलाका विद्रोहियों से एकदम खाली पड़ा है तो चुपचाप फौज लेकर आ धमकते। एकाध स्थानीय विद्रोही बचे-खुचे रह जाते, उन्हें देशद्रोही के नाम पर फाँसी पर चढ़ा देते या फर्जी मुठभेड़ के नाम पर मार डालते। नतीजतन संताल निवासी अप्रशिक्षित रह जाते और जुल्म का शिकार होने के लिए बाध्य हो जाते।

सिदो के नेतृत्व के पास ऐसा कोई विज्ञान या कौशल भी नहीं था जो मुक्त क्षेत्रों को शासकीय ढाँचे में बदल देता। गोको नायक ने भी भादू की बातों को गंभीरता से नहीं लिया। उनके भीतर यही भोला विश्वास काम करता रहा कि कोई स्वयंभू बोंगा, माँझी या मुखिया आकर शासन को सँभाल लेगा और देवता उनकी रक्षा करेंगे। उन्होंने तो मरांग बरु के आदेश का पालन कर दिया है और आगे की सुरक्षा भी उन्हीं के हाथ है। इस प्रकार सुरक्षा का भार अदृश्य एवं काल्पनिक शक्तियों पर आश्रित रह जाता था और आदिवासी पूर्व की स्थितियों में आ जाते थे।

गोको नायक एक, दो दिनों तक ही रह पाए और उन्हें मरांग बरु के सहारे छोड़कर आगे निकल गए।

दीनदयाल राय के लिए मैदान खाली था। विद्रोही आक्रोश ठंडा पड़ चुका था। पाकुड़-निवासियों के सामने अन्न-पानी की समस्या गंभीर हो चुकी थी। लड़ाई के कारण सारी खेती चौपट थी। दीनदयाल के लिए सारी स्थिति सुरक्षित थी। उसके आनंद की कोई सीमा नहीं थी।

एक दिन वह अचानक पाकुड़ आ धमका और बड़े घमंड के साथ घोषणा कर दी कि कंपनी के आदेश से वही पाकुड़ का जमींदार है। गाँव-गाँव में टहनी और डुग्गी फिरवा दी कि सभी उसी को हाथ जोड़कर अपना राजा स्वीकार कर लें।

पुरुषों से सारा पाकुड़ वीरान था। या तो वे मारे गए थे या फिर इलाका छोड़ कर अन्यत्र कहीं जा छिपे थे। गाँवों में ज्यादातर अवश पुरुष, स्त्रियाँ और बच्चे रह गए थे। दीनदयाल ने संताल बस्तियों में अपने कारिंदे भेजना शुरू कर दिया। उसके कारिंदे गाँव-गाँव बस्ती-बस्ती जाकर उनकी स्त्रियों और बाल-बच्चों को सताने लगे।

किसी गाँव में एक किशोर संताल था, जो बड़ा दबंग था। उससे जब जुल्म सहा

नहीं गया तो उसने दीनदयाल के एक कारिंदे की तीर से बेधकर हत्या कर दी। अन्य कारिंदों को पता चला तो उस किशोर संताल को घेर लिया और पकड़ बाँध कर दीनदयाल राय के पास ले आए।

दीनदयाल के गुस्से की कोई सीमा नहीं थी। उसने किशोर को एक पेड़ की डाली से बँधवाकर उल्टा लटकवा दिया और छछना-छछनाकर इतना मारा कि उसकी मृत्यु हो गयी। इस सार्वजनिक हत्या ने पाकुड़ में दहशत और आतंक कायम कर दिया। समस्त पाकुड़ की जबान कटकर लटक गयी। सर्वत्र मुर्दनी छा गयी। मगर जुल्म सिर्फ जुल्म होता है। प्रतिकार और विरोध का बिरवा कहीं बचा रह जाता है। उन्हीं गाँवों के चंद किशोरों की पीठ पर चढ़ी जनद्रोही शैतान और कंधे पर लदी गुलामी को उतार फेंकने की चेतना अँखुआयी और उन्होंने फिर से आवाज दी—

यही है
इस समय का
सबसे बड़ा धर्म—
गुलामी को उतार फेंकने का,
जुल्म की गर्दन मरोड़ने का
इस समय का सबसे बड़ा धर्म
इस धर्म को निभाना
जरूरी है

उनकी आवाज में रिरियाहट नहीं थी, पुकार और आह्वान था। व्रिदोहियों के बीच जब यह आवाज गयी तो दीनदयाल राय को दंडित करने के लिए चंद विद्रोही पाकुड़ लौटे।

आवाज को आवाज मिली—

"जरूरी है—
खुलूस-ओ-अम्न
सुकून और चैन जरूरी है।"

मगर दीनदयाल राय को इत्मीनान था। मानवीय व्यवंहारों से उन्मुक्त था। घमंड और आत्मगौरव से चूर था। उसे कहाँ पता कि विद्रोही उसे दंडित करने के लिए पाकुड़ आ धमके हैं। किशोर संताल की शहादत रंग लाने वाली है। वह अपने भाई-बहन के साथ राजमहल के पास एक सरोवर में स्नान के लिए निकला था।

विद्रोही सूँघते-सूँघते वहाँ पहुँच गए। उन्होंने चारों तरफ से सरोवर को घेर लिया। भाई-बहन डरकर सरोवर से बाहर निकलने लगे। विद्रोहियों ने उन्हें आराम से जाने दिया; बल्कि उन्हें भागने में मदद भी दी। वे निर्दोष उनके निशाना भी नहीं थे। दीनदयाल अकेला सरोवर के बीच थरथराता रह गया और दोनों हाथ जोड़े ऐसे खड़ा रहा; जैसे सूर्य भगवान को अर्घ्य दे रहा हो।

संताल विद्रोहियों के साथ लड़ाकू कुत्ते भी थे। कुत्तों को उन्होंने ललकार दिया। कुत्ते सरोवर में कूद पड़े और उसे दाँतों से पकड़कर बाहर खींच लाए। विद्रोही संताल भृत्य जगन्नाथ फरसा तानकर बड़े जोर से चीखा, ''बोल जुल्मी दीनदयाल राय, इन्हीं उँगलियों से न अपने शोषण के धन गिनते थे न?''

उसने फरसे से उसकी उँगलियाँ काट दीं। फिर बोला, ''इन्हीं हाथों से तुम भूखे-गरीबों के अन्न छीनते थे।''

उसके दोनों हाथ काट दिए। बाद में उसका सिर धड़ से अलग कर दिया।

जुलाई महीना समाप्ति की ओर था।

अब तक सैकड़ों गाँव जलकर खाक में मिल चुके थे। कंपनी सरकार की सेना को ताज्जुब हो रहा था कि संतालियों की ताकत तब भी टूट नहीं रही थी। साथ कई हजार गाय-भैंसें अपने साथ हाँक ले गए थे। विभिन्न जगहों पर सेना पराजित होती गयी। विद्रोहियों ने अँग्रेजों के केंद्र और नील की कोठियाँ लूटकर जला दीं। दो महिला सहित अनेक अँग्रेज कर्मचारी मारे गए। सिदो को पीछे पता चला कि गफलत में महिलाएँ भी मारी गयी हैं तो उन्हें बहुत अफसोस हुआ। मगर कर भी क्या सकते थे। युद्ध की परिस्थितियाँ ही ऐसी थीं। एक उच्च पदाधिकारी दिन-रात अपने घोड़े को तैयार किए बैठा रहता था। उसे एक चालाकी सूझी। उसने जेलखाना सुरक्षित करा लिया और खजाने की रकम एक कुएँ में छिपा कर रखवा दी। तब संतालों को काफी धन हाथ लगा था।

जगह-जगह थानों के दारोगा अँग्रेजों के आले दर्जे के वफादार साबित हो रहे थे। खान साहब दारोगा तो बहुत पहले ही कान्हु के हाथों मारा जा चुका था, मगर गोड्डा महकमे के कुरछिया थाना का दारोगा प्रताप नारायण भयंकर अत्याचारी था, जो अभी तक बच रहा था। वह महाजनों को सुरक्षा देने के अलावे विद्रोहियों के बीच फूट डालने का भी काम करने लगा था। विद्रोही नेतृत्व को इस बात की जानकारी हो चुकी थी। एक दिन वह किसी गाँव को रौंदवाकर कुरछिया थाना लौट रहा था। रास्ते में विद्रोहियों ने उसे घेरकर मार डाला। इसके बाद उन्होंने महाजनों के गढ़ बारहाइत पर धावा बोल दिया। अनेक अत्याचारी महाजन मारे गए। जो बचे, वे घर-द्वार, धन-दौलत छोड़कर भाग निकले।

इनकी विशेषता थी कि ये कई दलों में बँटकर आक्रमण करते थे। इस बार महाजन-जमींदार इनके निशाना थे। इनके डर से डाकिया, चौकीदार—यहाँ तक कि छोटे-छोटे थानों के सिपाही और जमादार नौकरी छोड़-छोड़कर भागने लगे। विद्रोहियों ने घोषणा कर दी कि कंपनी का राज खत्म हो गया है और स्वाधीन संताल राज स्थापित हो गया है।

तब भी महाजन-जमींदार मकड़ी के जाल की तरह अभी तक संताल परगने में पसरे हुए थे। गोड्डा अंचल में संताल विद्रोहियों का नेतृत्व गोको नायक कर रहे थे।

उन्होंने भगोड़े महाजनों की चुन-चुनकर हत्याएँ शुरू कर दीं। इस अंचल में निलहा साहब जान फिज पैट्रिक नामीगिरामी जमींदार था। वह इतना बदनाम था कि उसके नाम से ही संताल पत्ते की तरह काँप जाते थे। इसके विनाश के बाद गोको के साथ सिगराई संताल आ मिले।

लक्ष्मणपुर अंचल में लिटिपाड़ा महाजनों का प्रधान गढ़ था। इनमें ईसरी भगत और तिलक सबसे ज्यादा बदनाम थे। गोको की नजर इन पर बहुत पहले से थी। इनके अत्याचारों की कहानी गोको आजाद गाँव से ही सुनते रहे थे। वे सिगराई के साथ लिटिपाड़ा चले तो रास्ते में ही पता चल गया कि पंचखेतिया बाजार के महाजनों के सफाया के बाद ईसरी और तिलक जाने कहाँ तभी से फरार थे। मगर लिटिपाड़ा में महाजनों से काफी धन-दौलत हाथ लगा। गोको को सूचना थी कि यहीं पास में जीतपुर गाँव में सिदो और चाँद, भैरो घोड़े पर दिखे हैं। जीतपुर के महाजन इनके डर से एक विशाल वृक्ष के कोटर में छिपे हुए थे। ग्रामीणों ने उन्हें पकड़कर सिदो के हवाले किया तो सिदो बोले, "हमारे संताल-हुल के बड़े नेता गोको नायक संताल हमारे बीच उपस्थित हैं। वही इन गिरफ्तार जालिम महाजनों के भाग्य का फैसला करेंगे।"

गोको के जय-जयकार से सारा इलाका गूँज गया। इन महाजनों ने अपनी सारी संपत्ति विद्रोहियों के हवाले कर दी और विद्रोह के साथ होने का संकल्प लिया। मगर सिदो को भरपूर विश्वास नहीं हुआ। उन्होंने कहा, "तुम्हारे पास तो लूट-खसोट, अत्याचार, दमन करते रहने का काला इतिहास है। हम कैसे विश्वास करें कि तुम लोग हमारे साथ आ गए हो?"

"सिदो राजा," एक महाजन बोला, "हमारा पक्का सबूत तो यही है कि हमने राजी-खुशी अपनी संपत्ति आपके हवाले कर दी।"

सिदो ने डाँटा, "चुप रहो? तुमने राजी-खुशी नहीं, हमारे भय से अपनी संपत्ति हवाले की है। तुम लोग अभी तक हमारे साथ छल-प्रपंच करते रहे हो। मुझे जालिम दीनदयाल याद आ रहा है; जिसने कसमें खाने के बाद भी अपनी आदत नहीं बदली थी।"

"हे राजन! सभी मनुष्य एक तरह के नहीं होते। हम परीक्षा देने के लिए तैयार हैं।" वह महाजन बोला।

"कैसी परीक्षा?"

"हम आपके साथ मिलकर कंपनी के खिलाफ लड़ेंगे।"

"इसका फैसला जीतपुर के ग्रामीण करेंगे।"

जीतपुर में संतालों के अलावे लुहार और कुम्हार जाति के लोग भी थे। वहाँ का जीतन लुहार बीच में ही खड़ा हो गया, "ये अगर पंचखेतिया के गुमास्तों को पकड़ने में हमारी मदद करें तो इन्हें हम अपना साथी मान लेंगे।"

उसके प्रस्ताव के समर्थन में महाजनों ने हाथ उठा दिए। आम महाजनों की तुलना

में इनमें थोड़ा अंतर था। अंतर यही था कि ये अभी अपनी हैसियत और पकड़ में छोटे पड़ते थे। हाल-फिलहाल ये सूदखोरी के धंधे से जुड़े थे। एक झटका उन्हें अम्बर परगने के दीवान जगबंधु राय से भी लगा था। जब संताल-हुल की शुरुआत हुई थी, तभी से ये भयभीत थे। उन्होंने जगबंधु राय से पनाह चाहा था। जगबंधु स्वयं में बड़ा खूँखार आदमी था उसे दीवानी ऐसे ही नहीं मिली थी। जंगल में बाघ, हिरण और आदमियों का शिकार करते-करते जगबंधुत्व चरित्र खो चुका था। कंपनी के खासमखास लोगों में था वह। इसीलिए भी भारी रौब में रहता था। उसकी इलाके में अपनी हुकूमत थी, सिपाही थे, चोबदार और गुमाश्ते थे। उसने अपनी जमींदारी चलाने के लिए कई कर्मचारी बहाल रखे थे।

जीतपुर के महाजनों ने विद्रोहियों से रक्षा के लिए गुहार लगायी। जालिम दीवान ने उनकी नादानी की जमकर खिल्ली उड़ायी, ''अगर इतने ही डरपोक हो तो यह धंधा क्यों अपनाया?''

महाजन गिड़गिड़ाया, ''मालिक! बाल-बच्चों के लिए, रोटी-पानी के लिए....''

जगबंधु दीवान ने उसकी बात काटी, ''तुम्हारे पास कोई जवान लड़की है?''

''मालिक!'' दबी-दबी चीख उसके गले से फूटी।

''किसी निलहे साहब के पास लेकर जाओ, तुम्हें काफी रुपए-पैसे देंगे और तुम्हारी रक्षा भी करेंगे।''

महाजनों को साँप सूँघ गया हो जैसे। पाँव जमीन से ऐसे चिपके कि हिले-डुले भी नहीं। भीतर से थरथराती आवाज निकली, ''इस विपतकाल में बेसहारा हैं, मालिक।''

दीवान कसकर झिड़का, ''फूटो यहाँ से महाजनी-सभ्यता भी नहीं आयी तुम लोगों में।''

वे दुम दबाकर भागे।

तभी से जगबंधु राय का दिया हुआ घाव अभी तक हरा था। शायद, उसके वध से इन्हें तसल्ली मिले और घाव जल्दी सूखे। सिदो उन्हें अपनों की तरह लगे। महाजन बोला, ''कंपनी आपके डर से हमारे इलाके से भागी, मगर महाजनों का महाजन दीवान जगबंधु इलाके में तबाही मचाए हुए है। उसका वध कब करेंगे आप?''

आक्रोशित चाँद और भैरो घोड़े पर उछल पड़े। महाजन चिल्लाया, ''ठहरिए? उसके पास भी कम फौज नहीं है। हम भी आपके साथ चलते हैं। उसके पास बंदूकें भी हैं।''

''मैं भी चलता हूँ।'' सिदो ने अपने भाइयों को रोका। ''तब वहाँ हम जमीन से लड़ेंगे।''

चाँद ने कहा, ''आप नहीं चलेंगे दादा। हिरनपुर में विद्रोहियों के प्रधान त्रिभुवन संताल आपसे राय-मशविरा के लिए आने वाले हैं।''

गोको नायक ने भी हामी भर दी। ''अगर त्रिभुवन आ गए तो हमें मिलकर

आक्रमण करने में दूनी शक्ति मिलेगी।''

''ठीक कहा आपने गोको बासिदो बोले, ''बड़ों की सलाह को अमल में लाना चाहिए, चाँद। तुम लोग घोड़े छोड़ दो यहीं और कम-से-कम दो दर्जन लड़ाकू साथियों के साथ जाओ। जीतपुरवाले महाजन भी तुम्हारे साथ जाएँगे। इन्हें दीवान का ठिकाना अच्छी तरह मालूम होगा।''

चाँद भैरो के नेतृत्व में विद्रोही अम्बर परगने की ओर चल पड़े।

आकाश बादलों से घिरा था। अभी वे जंगल से बाहर निकल भी नहीं पाए थे कि बूँदा-बूँदी शुरू हो गयी। हवा बिल्कुल नहीं थी। पत्तों तक गर्मी से अलसाए खामोश थे। शोषण और दमन के खिलाफ इन विद्रोहियों के भीतर गजब की आग थी। अपनी आगी के सामने बरसाती उमस का कोई एहसास तक नहीं था। बारिश तेज हुई तो उत्साह दुगना हो गया। कहीं शरण के लिए जगह भी नहीं थी। जंगल से बाहर आने के बाद इक्के-दुक्के गाँव दिखलायी पड़े।

हवा चौमुखी होने के कारण मूसलाधार बारिश हो रही थी। अभी पाँच कोस रास्ता तय करना शेष रह गया था। राह पथरीली और टेढ़ी-मेढ़ी थी। पहाड़ और मैदानों की आँख-मिचौनी समय ले रही थी। तूफान जैसा दृश्य था। समय का कुछ पता नहीं चल रहा था। संभवतः शाम हो चली थी; क्योंकि रोशनी मद्धिम पड़ने लगी थी।

वे अम्बर परगने के सीवान पर पहुँचे तो अँधेरा गाढ़ा हो चुका था। उन्होंने वहीं डेरा डाल दिया। बगल में एक गाँव था। ग्रामीण उनकी अगुआनी में जुटे थे। जब उन्होंने जगबंधु राय की कारगुजारियाँ सुनीं तो उनके रोंगटे खड़े हो गये। जगबंधु ऐसा आततायी था कि पाकुड़ के सभी महाजन और धनी लोग तक उससे आतंकित थे।

भैरो ने कहा, ''हमारे भाग्य से बारिश थम चुकी है। ग्रामीण हमारे भोजन-पानी में जुटे हैं। खाना-पीना जल्दी खत्म कर हम जगबंधु पर हमला बोल दें।''

''सुनो भैरो, जगबंधु जंगल का आतंक के नाम से विख्यात है। हमारे महाजन साथी ही हमें रास्ता बतला सकते हैं।''

सभी को चाँद की बात पसंद आयी।

महाजन बतलाने लगे, ''दस बीघे में तो उसका किला फैला है, जिसके चारों तरफ उसके सिपाही चौबीसों घंटे तैनात रहते हैं। वह किला एक तरह से गढ़ है—जगबंधु का सुरक्षित गढ़। मुख्य द्वार पर दोनों हाथी झूलते रहते हैं। कई कमरों से गुजरने के बाद एकदम अंदर व्याघ्र-छाल डँसाए जगबंधु उसके ऊपर विराजमान मिलता है। उसके चारों तरफ से बंदूकधारी अंगरक्षक उसकी सुरक्षा में सतर्क रहते हैं। यहाँ तक कि जिस कमरे में रात्रि या दिन में विश्राम करता है उस कमरे की भी ऐसी सतर्कता बरती जाती है। उसकी कई पटरानियाँ हैं। बिहारी, बंगाली, नेपाली—एक से बढ़कर एक हर पटरानी के लिए अलग-अलग कमरे हैं। हर कमरे के अलग सुरक्षा गार्ड हैं। शराब के नशे में धुत किस कमरे में आ जाय, यह पटरानियों को भी पता नहीं होता। इसलिए वे स्नान-ध्यान

और भोजन-पानी से निवृत्त होकर शाम से ही निगाहें पसारे बैठी रहती हैं।''

चाँद का दिमाग तड़तड़ाता है, ''बस, बस बंद करो शैतान-कथा। साथियो! जल्दी से तैयार हो जाओ? हम कभी भी आधी रात के बाद उसके गढ़ पर हमला बोलेंगे।''

पड़ोस के ग्रामीणों ने उनके भोजन-पानी की व्यवस्था रखी थी। उन्हें भी गढ़ पर चढ़ाई में शामिल होना था। इनके सामने रसद-पानी का सवाल भी गहराता जा रहा था। इनके इस जनांदोलन में नेताओं के अंगरक्षकों की सेना लगभग तीस हजार थी। अपने पास जब तक भोजन रहा, तब तक आंदोलन आराम से चलता रहा। हालाँकि, गोको नायक के नेतृत्व में लगभग सौ लोगों के कंधे पर जिम्मेदारी थी कि सैनिकों के रसद-पानी की पूरी व्यवस्था रखें। इसके अतिरिक्त बाहर से सहानुभूति रखने वाले लोग अन्न-पानी और हथियार बराबर मुहैया कराते रहते थे। फिर भी खाद्य-सामग्री की समाप्ति के बाद इनके सामने दो ही रास्ते रह गए थे—लूट और जमींदार-धनवानों से जबर्दस्ती।

यही एक भारी हादसे का समाचार मिला।

भागलपुर के कमिश्नर ने बड़े लाट डलहौजी को चिट्ठी लिखकर मार्शल लॉ जारी करने और संताल अंचल फौज के हाथों सौंपने का अनुरोध कर दिया। उसने विद्रोहियों की गिरफ्तारी के लिए पुरस्कार भी घोषित कर दिए थे। प्रधान नेता के लिए दस हजार, उपनेता के लिए पाँच हजार और स्थानीय नेता के लिए एक हजार रुपए पुरस्कार थे। इससे ऊपर सशस्त्र विद्रोही को देखते ही गोली मार देने का आदेश था। कहलगाँव और राजमहल के जमींदार-महाजन और धनवान सुकेल और तालो से पहले से खार खाए हुए थे। कमिश्नर की घोषणा से उन्हें भारी प्रोत्साहन मिला। उन्होंने सुकेल और तालो को खबर भिजवायी कि वे अपने धन का कुछ हिस्सा देकर सिदो के संताल-राज को मजबूत बनाना चाहते हैं।

सुकेल और तालो बगैर गोको नायक के राय-मशविरा किए कहलगाँव की ओर निकल पड़े। उनके साथ दो-चार साथी भी नहीं थे। एकदम निहत्थे थे दोनों। जमींदारों के लठैत-चोबदार और कारिंदे पहले से अगल-बगल छिपे हुए थे। आसानी से दोनों उनके गिरफ्त में आ गए और दूसरे ही दिन उन्होंने भागलपुर कचहरी में पेशी कर दी।

इधर अम्बर परगने के सीवान पर जगबंधु दीवान के गढ़ पर हमले की तैयारी, उधर तालो और सुकेल की गिरफ्तारी की खबर। सर्वत्र मुर्दनी छा गयी। गोको नायक तो ऐसे मर्माहत हुए कि उनके मुँह से बोली तक नहीं निकल रही थी। गोको उनकी पुरानी स्मृतियाँ कुरेद-कुरेद कर बुका फाड़कर रो पड़े थे। ऐसा लगा कि क्रान्तिकारियों की फिर से बारिश ने गर्मी हर ली है। चाँद ने उन्हें फिर से प्रोत्साहित करना शुरू किया, ''बलिदान संघर्ष को तीव्र बनाता है। हमारा लक्ष्य है मरांग बरु के आदेश को अमल में लाना। इस परिस्थिति के साथ अपनी सोच को अन्तहीन संघर्ष में ढालना है। मानुष के दिमाग में अपनी आजादी का एक नक्शा है—प्रजा का राज। संताल प्रजा का राज।

जिसका खून चूसने वाला कोई नहीं हो। हमारे भीतर संघर्ष है तो नए समाज की कल्पना है। काला पहाड़ की जन-जातियाँ मुक्ति-युद्ध में हैं तो बलिदान का चक्र चलता रहेगा।''

सुकेल और तालो की गिरफ्तारी से उनके आक्रोश में तीव्रता आ गयी। ठीक चार बजे भोर में विद्रोहियों ने अम्बर परगने के गढ़ को घेर लिया और फरसा, तलवार और तीर-धनुष से सूरज के उजाले में भी बंदूकों का मुकाबला करते रहे।

गढ़ की लड़ाई में दर्जनों विद्रोही काम आए। मगर उन्होंने दोपहर तक अम्बर परगने के गढ़ पर अपना कब्जा जमा लिया। दीनबंधु के सैनिक बंदूक फेंक-फेंककर भाग खड़े हुए। दीवान जगबंधु राय का वध कर दिया गया। उन्होंने गुलाम पटरानियों को मुक्त कर दिया। काफी धन और खाद्यान्न उनके हाथ लगे। सारी सामग्रियाँ बाहर कर उन्होंने किले को धराशायी कर दिया और चाँद-भैरो के नेतृत्व में विद्रोही धन और सामग्रियाँ गोको नायक के हवाले कर आगे बढ़ चले।

जंगल के भीतर से काला पहाड़ अचानक भय से सिदो को जकड़ने लगा था। अच्छा होता, अँधेरा होता, मगर देवता कहीं दिख नहीं रहे थे। बड़े लाट डलहौजी की भृकुटी तनती जा रही थी। अँग्रेजी फौज बंदूकों और तोपों के बड़े पैमाने पर जंगल में उतरती थी और उनकी सेना विद्रोही टुकड़ियों को जगह-जगह घेरकर अवश करने के लिए घेरने लगी थी। उनकी सुसज्जित सेना पंद्रह हजार थी, तोप और सैकड़ों हाथी से लैस थी। हालाँकि विद्रोही सेनानी तीस से पचास हजार के लगभग थे; परंतु इनके पास अपने पारंपरिक हथियार फरसा, तलवार और तीर-धनुष ही रह गए थे, जो उनके आधुनिक हथियारों और सुनियोजित रणनीतियों के समक्ष जनबल बिल्कुल क्षीण और असमर्थ होती जा रही थी। इतनी बड़ी जनशक्ति के लिए रसद-पानी का सवाल भी दिन-प्रतिदिन गहराता जा रहा था।

विदेशी शासकों की सेना संताल गाँवों को जलाती और कत्लेआम करती बढ़ती आ रही थी। तोप-बंदूकों से लैस शासकों की सेना के साथ मुठभेड़ और सम्मुख लड़ाई इनके लिए असंभव लग रही थी। इन्होंने छापामार युद्ध का सहारा लिया। ये गहन जंगलों में चले आए। मौका देखकर शासक सेना पर टूट पड़ते और फिर गहन जंगलों में विलीन हो जाते।

बारहाइत विद्रोही सेनाओं का सदर दफ्तर था। सिदो वहीं से सारे विद्रोह का संचालन करते थे। अँग्रेज शासकों की विशाल सेना ने अचानक बारहाइत पर हमला बोल दिया। संयोग था कि चाँद के नेतृत्व में विद्रोहियों की एक टुकड़ी वहाँ पहुँच गयी।

सिदो अपनी स्थितियाँ भाँपते हुए भी स्थिर थे, उन्होंने ललकार दिया, ''चाँद मेरे अजीज, मातृभूमि से बड़े हम-तुम नहीं। हम-तुम नहीं रहे तब भी संताल राज रहेगा।''

चाँद के नेतृत्व में विद्रोही कंपनी की सेना पर टूट पड़े। मगर तोप और बंदूकों की

मार के सामने भागने लगे। अँग्रेजी सेना ने अगल-बगल के गाँवों में आग लगा दी। देखते-देखते गाँव वीरान हो गए। सिदो को कुछ भी पता नहीं, भाई चाँद जिंदा है या मारा गया। मगर वे अपने चंद साथियों के साथ पहाड़ों में छिपे।

फागुन का महीना रहा होगा। सिदो लगभग भूल चुके थे कि बाहा-महोत्सव फागुन के नए चाँद के तीसरे या पाँचवें दिन से आरंभ हो जाता है। पंचमी का चाँद पहाड़ियों से झाँक-झाँककर सिदो की आँखों में उतरने की कोशिश करता है। थके-माँदे सिदो चाँद से आँखें मिलाने की कोशिश करते हैं। चाँद जैसे उन्हें अपने करीब बुला रहा हो। उन्हें लगता है, प्रकृति के इस सौंदर्य से मुख मोड़ा नहीं जा सकता। अकेले पाँव नीचे की ओर उतरने लगते हैं। गीत के मद्धिम स्वर हठात् उनकी हृदय-तंत्री झनझनाते हैं। वे और नीचे की ओर लपकते हैं; जैसे कोई उनकी उँगलियाँ पकड़कर खींचे जा रहा हो।

छोटा-मोटा किसी गाँव जैसा आभास होता है। विह्वल होकर गाँव के करीब भागते हैं। चाँद ठहाका मार-मार बोलता जा रहा है—आ करीब आ....आ....आ....

सिदो को बोल बाँधते जा रहे हैं—

विशाल पर्वत की चोटी पर फलिदाहा फूल का पेड़ है।
उसमें बेहद, सुंदर-सुंदर फूल खिले थे।
मैंने गिरते-पड़ते फूल तोड़ा।
शांत भाव से बैठकर बड़े चाव से अपनी वेणी में गूँथा।
परंतु खड़ी हुई तो मुरझा गया।

सिदो हहास बाँधकर दौड़े। खुशी के मारे वे अपने आप से बतियाते लगते हैं—अरे सुन रे! अपने गाँव की बोयहा कहाँ से आकर गुनगुनाने लगी मेरे कानों में...! सुन!...सुन!

हे सुग्गा! कहीं जाने के लिए चलती हूँ, तो तुम
मेरा पीछा करने लगते हो।
जंगल जाती हूँ तो वहाँ भी साथ हो जाते हो।
जहाँ कहीं भी बैठती हूँ तो प्यार भरी बातें सुनाने लगते हो!
हे पालतू सुग्गा!
तुमने मुझे चंचल कर दिया है।

सिदो एक उकड़ूँ चट्टान कर आकर बैठते हैं। अँधेरे में आसपास के गाँवों को निहारते हैं—टुकुर-टुकुर, एकटक। और अपलक अपना गाँव याद आने लगता है। पड़ोस की वह बोयहा याद आती है। पंचमी का चाँद क्षणभर ललचाकर जाने कहाँ लापता है। इसी साल की तरह फागुन महीना था। वह बोयहा बड़े प्यार से उन्हें दादा कहा करती थी; जैसे सगी हो। सारा गाँव नाच-गान और खानपान में डूबा था। प्रत्येक की कल्पना में अगले सुखद साल का सपना था। नायके और कुदुम नायके जोहेरा स्थान पर पूजन में तल्लीन थे। युवा जोहेरा ऐरा और मरांग बरु तथा गोसाईं ऐरा के लिए छावनी बना

रहे थे। पवित्र मन से नाच शुरू था। नाच-घर का नगाड़ा गूँज रहा था। भोली तुरिया जाने कहाँ से दौड़ी-दौड़ी आयी और हाथ खींचती हुई बोली, "तुम भी नगाड़ा, तुमदाक, रामसिंगा, मान्दान कुछ भी बजाओ ना दादा! मेरे साथ नाचो, गाओ—झूम-झूम के परब मनाओ। वह देखो, गोड़ोम बाबा (दादा) में जोहेरा ऐरा की आत्मा आयी है। मरांग बरु के हाथों में हथियार है।"

सिदो उसके साथ नाचते-गाते जोहेरा स्थान आए थे। फिर वह फुदकती है, "अपने साथ तुम कुछ लाए हो कि नहीं?"

सिदो नाहीं में सिर हिलाते हैं, "नहीं रे! मैं तो खोया-खोया तुम्हारे साथ चला आया।"

"मैं तो लायी हूँ।" वह बोली, "वहाँ देखो, जोहेरा ऐरा जमीन साफ कर चटाई बिछा चुकी है। सभी अपनी-अपनी लायी चीजें चटाई पर रख रहे हैं। नायके बोंगा के हाथ-पैर धो रहा है। अब वह खड़ा हो गया है। चलो, हम भी चलते हैं उसके साथ।"

पैर पूजन के बाद ग्राम-नायके अपने हाथों से साल-फूल ग्रहण करता है। वापसी के समय पूरा गाँव, टोला-पड़ोस चहल-पहल, नृत्य-संगीत और आनंद-उल्लास में डूबने लगता है, मानो पूरी जिंदगी भर उल्लास ही उल्लास हो, वाद्य-गीतों से समस्त वातावरण आनंदमय है। धरती को माँ पुकारने वाले संतालों के गीतों में श्रम और उत्पादन के अद्भुत योग हैं—

खेती-गृहस्थी के दिन आ गए हैं।
हमारे पास हल-बैल तो हैं नहीं।
हमारे लिए हल, बैल और भैंसा खरीदो
पहाड़ की तराई में हम खेती करेंगे।
बाड़ी में हमारे लिए एक कुआँ खरीदो।
उसमें मिरचाई और बैंगन लगाओ।
उसे कोढ़ो और पटाओ।
ऐसा करके बेहिसाब पैदा करो।

पूजा के दूसरे दिन ग्राम-नायके के घर में 'आका-राड़ा' की पूजा धार्मिक और परंपरागत विधि से पूरी हुई थी। सिदो भोली तुरिया के साथ याद करते हैं, 'बाहा-ऐन्द्रा' भी संपन्न हुआ था। पहले यही विधि गाँव के करीब जंगल में जाकर किया जाता था। बाहा-पर्व के पहले आदिवासी-समाज में किसी भी प्राणी को तीर का निशाना बनाना और तीर से संहार करना वर्जित है, चाहे वह खूँखार-से-खूँखार ही प्राणी क्यों न हो।

तीर-धनुष उनका धार्मिक चिह्न और सांस्कृतिक अस्त्र है। आदिवासी समाज इसी आस्था और विश्वास के साथ अपने तीर-धनुष का इस्तेमाल करता है। 'तीर-धनुष' को किसी राजा, शासक या सरकार के द्वारा धारण करने से मना करना, बंदी या निषेध करना धार्मिक अवमानना और निंदनीय अपराध माना जाता है।

तुरिया बाहा-पर्व के दिन हँसी-मजाक के रिश्ते से उन पर पानी फेंककर बेहद उल्लसित थी; क्योंकि अपने समाज में रंग से खेलना पूर्णतया निषेध है। अपने आदि पूर्वज पिलचु हड़ाम-पिलचु बुढ़ी के सात बेटों और सात बेटियों की याद में प्रकृति द्वारा दी गयी तमाम शक्तियों और मरांग बरु से समस्त प्राणी मात्र के लिए सुखी और खुशहाल जिंदगी के लिए तुरिया के साथ सिदो ने भी प्रार्थना की थी।

अभी भी उनके साथ तीर-धनुष है। कंपनी के विदेशी शासकों के खिलाफ यही तीर-धनुष अभी तक सहारा रहे हैं। परंतु अब उनके तोप-बंदूकों के सामने तीर-धनुष नाकाम साबित हो रहे हैं। छापामार लड़ाई ही एकमात्र सहारा रह गया है।

अचानक अँधेरे में काला पहाड़ की ओर से झाड़ियों के भीतर खड़खड़ाहट वातावरण को झनझनाती है। सिदो और अन्य साथी तीर-धनुष तान लेते हैं।

शुरू में परछाइयाँ कई-कई आकृतियों को इस तरफ एक साथ बढ़ने का आभास देती हैं। उनके आहटों में कोई विशेष ध्वनि का न होना भी इस बात का संकेत था कि आसन्न खतरा कोई ज्यादा चिंता या घबराहट की बात नहीं है। तोप और बंदूकधारियों के लिए यहाँ तक का रास्ता दुर्गम ही नहीं, दुर्लभ भी है।

धीरे-धीरे आकृति स्पष्ट होती जा रही थी—एकल आकृति और एकल परछाईं। चाँद भी पूर्णिमा के कारण पूरी तरह टहकार था। एक साथी बोला, "ये तो अपने गोको नायक लगते हैं।"

"मुझे भी यही लगता है।" सिदो का मन पूरी तरह शंका मुक्त हो चुका था।

वे गोको नायक ही थे।

सारा माहौल उल्लासमय तन गया।

"कोई विशेष खबर?"

"भारी खुशी की खबर है।"

"क्या?"

"सुकेल और तालो अँग्रेजों के चंगुल से निकलकर इसी पहाड़ की ओर आए हैं।"

सिदो एक बित्ता धरती से उछल पड़े, "फिर?"

गोको बोले, "यह भी खबर है कि उन्होंने तीन कंपनी-पदाधिकारियों की उन्हीं की पिस्तौल से हत्या कर दी है।"

खुशी में पागल सिदो की दोनों बाँहें उन्मुक्त पंख की तरह फड़फड़ायीं, मानो संपूर्ण काला पहाड़ एक ही छलाँग में लाँघ जाएँगे। जैसे मरांग बरु अभी-अभी उनके भीतर अवतरित हों।

"वे दो किधर हैं, गोको बा? उन बहादुरों को अभी गले लगाने को जी चाहता है।"

"बस इतना ही जानता हूँ कि इस पहाड़ की ओर आए हैं। तुम चिंता मत करो।"

सिदो सँभले, "उन्हें मेरे स्थल का पता है?"

“पता है, तभी तो इसी ओर आए हैं।”

“जी चाहता है, उन्हें पुकार-पुकार कर पूरे पहाड़ को झनझना दूँ। वे मेरी आवाज जरूर पहचान जाएँगे।”

“संताल-नायक समझ मेरी बात,” गोको बताते हैं, “मातृभूमि के लिए संताल-मुक्ति के लिए हम पहली लड़ाई लड़ रहे हैं। सुकेल तुम्हारी ही तरह दमदार युवा है। बचपन से लड़ाई में है। मरांग बरु से तुम्हें आजादी का संदेश मिला है तो वे जरूर हमें मिलेंगे।”

“मुझे यह भी लगता है कि हमारी कुछ दिनों की हार से हताश हमारे सदर दफ्तर बारहाइत न चले गए हों।”

“भावुक न बनो, सिदो।” गोको नायक ने कहा, “विद्रोह का संचालक अभी दफ्तर से बाहर तुम्हारे पास है। मान बारहाइत पहुँचे भी तो उन्हें मालूम हो जाएगा कि मैं कहाँ हूँ? क्योंकि मैं उन्हें तुमसे ज्यादा जानता हूँ।”

“अब मैं आश्वस्त हुआ गोको बा!” वे बोले, “छापामारी युद्ध उसने वीर सिंह के नेतृत्व में सीखा है। चाहे विद्रोही सेना हार-बिखर जाय तब भी तुम्हें यह स्थल नहीं छोड़ना है। साला टोल मेइन बड़ा जालिम है।”

“कौन टोल मोइन?”

“कंपनी में नया लेफ्टिनेंट आया है। यह भी कोई कमाल करना चाहेगा; क्योंकि विद्रोही नायक को खत्म करने के लिए एक दर्जन तोप भिड़ा सकता है।”

टहकार चाँद मद्धिम पड़ने लगा था। अँधियारा काफी घुलकर फीका पड़ता जा रहा था। बाहा-पर्व, भोगनाडीह की तुरिया और सुकेल के जिंदा होने की खबर ने सिदो में नए उत्साह का संचार किया था। बाहा-उत्सव के पूर्व जैसी कोई उदासी या निराशा नहीं रह गयी थी। दो ही घंटे की गाढ़ी नींद ने सारी थकान हर ली थी। रात जग्गा जैसी मलीनता का कहीं कोई चिह्न नहीं था।

सिदो पहाड़ से घूम-घामकर लौटे तो बोले, “बारहाइत लौटना आपके लिए जरूरी है।”

“फिलहाल छापामार लड़ाई के अलावे हमारे सामने कोई विकल्प नहीं है।” गोको कहने लगे, “अपनी सेना को तोप के मुँह में झोंकने से कोई लाभ नहीं है। कंपनी ने भारी पल्टन जंगल में भेजी है। ज्यादा उम्मीद है कि बरसात बाद लेफ्टिनेंट टोल मेइन के नेतृत्व में हम पर सबसे बड़ा हमला है। फिलहाल, उसकी नजर बंगाल की ओर है।”

“रसद-पानी की क्या स्थिति है?”

“पता चला है कि बदनाम महाजन तिलक और ईसरी भगत का एक जगह छिपाया हुआ धन हमारे साथियों को प्राप्त हुआ है। मगर मुख्यालय अभी पहुँचा नहीं है।”

सिदो कुछ चिंतित लगे, परंतु बोले, “अब से हमारा लड़ाकू सिपाही खुद रसद-पानी के लिए भी जिम्मेदारी उठाएगा। उसे अपना इंतजाम स्वयं करना होगा।”

''मुझे भी यही लगता है। अँग्रेज हमारे गाँवों में आग लगाने के साथ-साथ खेतों में खड़ी फसलें भी नष्ट कर दी रहे हैं।''

गोको नायक को अचानक उन महाजनों का ख्याल आया; जिन्होंने अपने अपमान का बदला लेने के लिए अम्बर परगने के दीवान जगबंधु राय की हत्या और उसकी अपार संपत्ति की लूट-पाट में विद्रोहियों को मदद पहुँचायी थी। वे ईमानदारीपूर्वक विद्रोहियों के साथ हो चुके थे। मगर गोको को उनका कोई अता-पता नहीं है। यहाँ तक कि उनके नाम भी मालूम नहीं हैं। इतनी भर सूचना थी कि वे तीन थे और किरता, भादू के साथ मिलकर चल रहे थे। गोको की सक्रियता और जिम्मेदारी इतनी बढ़ गयी है कि उन्हें क्षण भर के लिए भी पीछे मुड़कर देखने-सोचने की फुर्सत नहीं रह गयी थी। कुछ दूरी तय करने के बाद चट्टान के एक बड़े ढोके पर अनायास आ बैठे थे; जैसे जल्दी थक गए हों।

इनकी दुनिया बड़ी छोटी है, मगर अनूठी होती है। इनका संबंध दूर से नहीं होता, अपनों के बीच होता है। परस्पर दुःख-सुख बाँटकर अपनी सीमाओं में जीने की इनमें अद्भुत परंपरा है। वेद, ब्राह्मण, उपनिषद-पुराण जैसा इनके पास कुछ नहीं होता परंतु इनके पास लोकगीत और लोककथाएँ अपार हैं। यही गीत-कथाएँ ही उनकी जीवन-गति और पाप-पुण्य भी हैं। ये माँ की गोद में जन्म लेते ही लोकगीतों के बीच पल्लवित-पुष्पित होते हैं। यही गीत-कथाएँ इनके भीतर आत्म-ज्ञान देती हैं—एक तरह का संस्कार बनाती हैं। जनमत के लिए आदर-श्रद्धा जगाती हैं। ये सही अर्थों में सामाजिक मनुष्य होते हैं। यही सामाजिकता इन्हें अपनों से बिसूरने नहीं देती। इधर लड़ाई की व्यस्तता के बीच गोको को एकांत, शांत जगह में अपनों की याद आने लगती है। शोभा और जोबा दो बेटियों की तरह थीं उनकी। बहुत दिनों बाद फिर से अनायास उनके सामने आकर खड़ी हो गयी हैं और युद्ध की खबर पूछ रही हैं।

गोको बा की आँखें अनायास डबडबाती हैं; मानो इधर लगातार अँग्रेजों से हारने के कारण वे भी सीधे सवाल पूछ रही हों। ''और कितने दिन जीत में लगेंगे, गोको बा?''

गोको बा के होठ फुसफुसाते हैं, ''यह लड़ाई बड़ी लंबी है रे! हो सकता है, सौ साल, दो सौ साल लग जायँ और दोबारा, तिबारा फिर जनम ले कोई सिदो!''

''और मरांग बरु का आदेश?''

''पागल लड़कियाँ,'' गोको के होठ मुस्कुराते हैं, ''लड़ाई तो जारी है—जारी रहेगी। मरांग बरु को सब मालूम है।''

''सुकेल कैसा है, बा?''

गोको चौंकते हैं, ''काला पहाड़ की गोद में एकदम सुरक्षित है।''

सामने के गाँव से निकलते स्त्री-पुरुष के झुंड दिखलायी पड़ते हैं। संताल एकला नहीं चलते। यही इनकी समूह-संस्कृत, इनकी थाती भी है। 'जोग-माँझी' युवक-युवतियों पर निगरानी रखते पीछे-पीछे है। शिकार पुरोहित आगे-आगे चल रहा है। आज उनका वार्षिक शिकार है, जो वर्ष में एक बार आता है। इसे ये 'देहरी-शिकार' भी कहते हैं।

गोको का मन देहरी-शिकार से बँधता जा रहा है। युवतियों के हाथों में गोदना देखकर इन्हें शोभा याद आती है। गैरसंताली होते हुए भी शोभा ने उनके संस्कारों को ग्रहण कर लिया था। युवतियाँ गोदना को शुभ मानती हैं। गोदना पर इन्हें नाज रहता है। गोदना को इस लोक का शृंगार और परलोक का सहारा मानती हैं। परलोक में गोदना देखकर कीड़े इन्हें नहीं काटते हैं। बेचारी शोभा भी परलोक में आराम से होगी।

अचानक झुंड एकदम करीब आ गया तो गोको उछलकर खड़े हो जाते हैं, "अरे ओ बेटा सुकेल?....सुकेल रे....ऽ....ऽ....ऽ"

"गोको बा!...." उल्लसित चिल्लाता गोको के हृदय से आ लगता है। "आप तो बारहाइत में थे, बा?"

"था सुकेल, मगर दो दिनों से अपने नायक के साथ हूँ, संताल-नायक सिदो के साथ।"

"मैं तो उन्हीं की खोज में पहाड़ों पर कई दिनों से भटक रहा था।"

"अच्छा! पहले बैठ मेरे साथ कुछ देर।"

दोनों फिर से उसी ढोके पर आ बैठते हैं। "अब बता मुझे अपनी फरार जिंदगी की कहानी।"

"मैं तो बड़ी मुश्किल से उन जालिमों के चंगुल से भागा हूँ।" सुकेल अपनी ही कहानी बताते हुए सिहर उठता है, "इसे किसकी कृपा कहूँ बा, आप सब की या अपने पूर्वजों की। कुछ-कुछ शोभा दी की तरह ही मेरे साथ घटना घटी थी। उन्होंने मुझसे कहा कि अगर देशद्रोही सिदो को पकड़वाने में हमारी मदद करो तो तुम्हारे सारे मुकदमे वापस ले लिए जाएँगे और फाँसी पड़ने से बच जाओगे। ऊपर से तुम्हें नौकरी भी कंपनी देगी।"

"फिर क्या हुआ, सुकेल?" गोको बा की उत्सुकता बढ़ती जा रही थी।

"उनकी मेमें शराब की बड़ी शौकीन होती हैं। कैम्प-जेल से ही एक मेम की मुझ पर बुरी नजर थी और मैं उससे बुरी तरह परेशान था। उसने मुझे शराब पिलाने की बहुत कोशिश की, मगर मैंने साफ कह दिया कि शराब आपकी संस्कृति हो सकती है, मगर हमारे समाज में वर्जित है। देश माँझी और प्रगना कहते हैं कि गोड्डा और खरौती में जो शराब की दूकान है उस पर हमारा अधिकार है। युवक और युवतियाँ गाती हैं कि छाता और पात्ता मेला हमारा ही है। तब से वह बराबर मुझ पर दबाव डालती रहती। तब से सचेत हो गया था। एक दिन उसके साहब ने मुझे अपने पास बुलाया। सैनिक मुझे घेरे में ले गए उसके पास। दोनों छककर पी रहे थे। साहब ने तो इतनी पी ली कि वह टेबल के नीचे लुढ़का हुआ था और मेम अभी तक होश में थी और अपनी दोनों बाँहें बार-बार मेरे गले में डाल रही थी। मैं तो एकदम डरा हुआ था। मुझे क्या सूझा कि धीरे से नीचे झुककर साहब की कमरबंद से उसकी पिस्तौल निकालकर अपनी डाँड में छिपा ली।"

"...इसके बाद।"

"इसके बाद जोहेरा ऐरा की कृपा से मेरे भीतर साहस आ गया और मैंने मेम के मुँह में बोतल ठूँस दी और उसके भीतर पूरी बोतल उँड़ेल दी। वह चुपचाप लुढ़क गयी। बाहर पहरे पर ऊँघते तीनों सैनिकों को पिस्तौल से वहीं सुला दिया। तब भागता-भागता उस गाँव में चार दिन पहले पहुँचा हूँ। शिकार-पुरोहित को मुझसे बेटे की तरह प्यार हो गया है। वह अपने साथ मुझे शिकार पर ले जा रहा था। तुम भी चलो ना, गोको बा?"

गोको नायक बोले, "वक्त नहीं है, सुकेल। एक हाथ दिन और बच रहा है। सूरज डूबने तक बारहाइत पहुँचना चाहता हूँ। अगर कोई जिम्मेदारी लेकर नहीं चले हो तो मेरे साथ चल सकते हो।"

सुकेल असमंजस में था और सिदो के बजाय गोको के साथ चल पड़ा। चलते-चलते सूरज का भी ख्याल था गोको बाको, जो माथे से नीचे की ओर झुकने लगा था। छोटी-मोटी बीच में पहाड़ियाँ थीं, जो अनावश्यक रास्ता दुर्धर बना रही थीं। सुकेल ने देर से छाई चुप्पी तोड़ी, "आपने पिस्तौल कभी देखी गोको बा?"

कमर से पिस्तौल निकालकर तलहथी पर नचाने लगा वह। गोको ने पहली बार देखा। वे चौंके भी। उलट-पुलटकर उसे दोनों ओर से निहारने लगे। पूछा, "तुमने कहीं सीखा इसे चलाना?"

"यही तो मुझे भी आश्चर्य हो रहा है कि कैसे अनायास दुश्मनों का सफाया हो गया मेरे हाथ।" उसके चेहरे से ऐसा लगा कि वह स्वयं भी चकित हो।

"इसकी गोलियाँ कैसे मिलेंगी हमें?"

सुकेल असमंजस में है। परंतु पूछा, "गोको बा, क्या करूँ दुश्मन के इस हथियार का?"

"यही तो मैं भी सोच रहा हूँ।"

"यह ऐसी कोई पवित्र चीज है भी नहीं कि इसे जोहेरा स्थान पर लोगों के दर्शन के लिए रख दूँ।"

गोको नायक बहुत सोचते-सोचते बोले, "मुझे भी यही लगता है कि जब इस हथियार के बारे में हमारी कोई जानकारी नहीं तो इसे हम अपने पास क्यों रखें?"

शिकारी-दल पिछवाड़े से निकलकर सामने वाले जंगल में घुस रहा था; जहाँ से अंदर को चीरते हुए उस ऊँचे पहाड़ से नीचे उतरना था। छलाँग भरते हिरनों के जोड़े सामने से भागे जा रहे थे। अंदर से सूरज ऊपर नजर नहीं आ रहा था, जैसे आसमान भी कहीं नहीं हो। इतना मालूम था कि मौसम एकदम खुला है और बरसात के आने में कुछ दिन अभी शेष हैं। क्योंकि कहीं से एक जोड़े बाँसुरी की सुरीली आवाज साफ-साफ आ रही थी। आसपास जरूर गाँव होगा। मगर गोको और सुकेल को इसका ठीक पता नहीं था।

"आसपास कोई गाँव नहीं लगता।" अचानक सुकेल फुसफुसाया।

"तुम्हें अनायास गाँव का ख्याल कैसे आया?"

“मैंने तो विश्राम के ख्याल से सोचा था।”

गोको नायक हँसे, “अभी तक नादान हो तुम। मुझे हर हालत में बारहाइत पहुँचना है। वह भी शाम तक।”

सुकेल जंगल के भीतर से दिन को थाहने लगता है। पहाड़ों की अधिकाई जब-तब रात का भरम पैदा करती रहती है। गजब का इलाका है। न कहीं कोई हलचल, न कोई शोर!

हलचल बिना भी कोई जिंदगी है?

वे जंगल पारकर एक पहाड़ पर चढ़ने लगे थे।

“लगता है, हम बारहाइत के करीब आ गए हैं?” सुकेल ने पूछा।

“सूरज अभी डूबा नहीं न?”

“हल्का-फुलका दिन अभी भी रह गया है।”

“तब तो हम अपने मुख्यालय पहुँचने ही वाले हैं।”

“एक बात अभी मेरे दिमाग में आयी, गोको बा।”

“वह क्या?”

“यह देखिए?” सुकेल ने घिरनी की तरह नचाकर पिस्तौल पहाड़ के नीचे फेंक दिया।

विद्रोही संतालों का जब वीरभूमि के आधे हिस्से पर कब्जा हो गया तो अँग्रेज काफी चिंतित हो उठे। बरसात के दिन थे। कंपनी के अधिकारियों ने सेना के साथ-साथ स्थानीय जमींदारों और महाजनों की भारी फौज इकट्ठी कर ली और उन्होंने विद्रोहियों पर हमला कर दिया। मगर विद्रोही संसाधन विहीन होते हुए भी छापामारी के बल पर कंपनी के दाँत खट्टे कर दिये और उन्हें बुरी तरह फिर से शिकस्त देखना पड़ा।

गुणपुर के ध्वंस से लेफ्टिनेंट टोल मेइन एकदम बौखाला उठा और अपने नेतृत्व में दोबारा विद्रोहियों पर हमला बोल दिया। मगर उसकी सेना तो पराजित हुई ही, वह स्वयं भी कई अपने सिपाहियों के साथ मारा गया। लेफ्टिनेंट मेइन की मौत अँग्रेजों के लिए कम शर्मनाक बात नहीं थी। इस बार उन्होंने भारी सरकारी सैनिकों के साथ आक्रमण किया तो विद्रोही वीरभूमि छोड़कर भाग खड़े हुए।

मगर कंपनी निश्िंचत नहीं हुई।

उपनिवेशवाद में इतनी समझ तो बरकरार है कि मातृभूमि के लिए नेह फूटता है तो बरोह की शक्ल में उसकी जड़ें समाप्त नहीं होतीं—पसरती जाती हैं। कंपनी सरकार आरंभ में ही बुझ गयी कि सिदो अगर मारा भी जाता है तो उसकी परंपरा नहीं मारी जा सकती। यह निरंतर और समानांतर चलती रहेगी। भागलपुर के कमिश्नर को मिली मेजर बरोज की चिट्ठी से कंपनी सरकार हिल रही थी और वीरभूमि छोड़कर विद्रोहियों के

हमेशा के लिए भाग जाने का कतई एहसास नहीं था। चिट्ठी इस प्रकार थी—"हमें खबर मिली है कि विद्रोही छोटे-छोटे दलों में बँटकर चलते हैं। मगर मादल की आवाज सुनते ही विद्रोही दस-दस हजार के दलों में लूट-मार के लिए इकट्ठे हो जाते हैं। मेरे अधीन सेना इतनी छोटी है कि अगर और भी दस्तों में बाँट दिया जाय तो उसमें युद्ध करने की क्षमता नहीं रहेगी।"

कंपनी ने सोच-विचार से काम लिया। उच्च शासकों ने काफी विमर्श के बाद सरकारी घोषणा निकाली कि अगर संताल स्वतः आत्मसमर्पण कर दें तो उनके नेताओं को छोड़कर माफी दे दी जाएगी। यही नहीं, पूर्ण शांति बहाली के बाद संतालों की शिकायतों पर सरकार विचार करेगी। इसके बाद भी अगर वे आत्मसमर्पण नहीं करते हैं तो उन्हें कठोर से कठोर दंड दिया जाएगा।

नेताओं ने जमकर इसकी खिल्लियाँ उड़ायीं। इस धमकी का उन पर कोई असर नहीं हुआ। एक भी संताल आत्मसमर्पण के लिए तैयार नहीं हुआ। सिदो ने तो यह भी खबर पहुँचवा दी कि संताल लड़ते हुए मरना जानते हैं, आत्मसमर्पण नहीं।

इसके बाद अँग्रेज शासकों के सामने कोई विकल्प नहीं रह गया। उन्होंने बिहार और बंगाल को सेना के हाथों सौंप दिया। सेना के नेतृत्व में यह घोषणा कर दी गयी कि जिस संताल के हाथ में कोई भी हथियार देखा गया उस पर फौजी अदालत में मुकदमा चलाया जाएगा और फाँसी पर लटका दिया जाएगा।

इस पर भी संताल कहाँ माने। तीर-धनुष तो उनकी संस्कृति थी। संस्कृति और प्रकृति की ही तो रचना है संताल। फिर तो ब्रिटिश शासकों के फौजियों ने जुल्म का नंगा नाच शुरू कर दिया। हजारों संताल जवान, बच्चे, औरतें और बूढ़े मार दिए गए। संताल बस्तियाँ वीरान कर दी गयीं। इस भयंकर दमन और युद्ध के सामने विद्रोही पीछे हटते चले गए। चाँद और भैरव भागलपुर के पास लड़ाई में मारे गए।

इस पराजय से सिदो को गहरा धक्का लगा। उन्होंने बारहाइत में सुराजियों का पुनर्गठन किया। कुछ महाजनों ने उनके लिए रसद-पानी की भी व्यवस्था कर दी। बरसात के दिन थे। सिदो गुरिल्ला-युद्ध का ठीक-ठाक संचालन नहीं कर पा रहे थे। गोको नायक, सुकेल, तुरिया, किरता, भादू और सुन्नो माँझी का कोई अता-पता नहीं था। सिदो समझ गए, सभी साथी फौजियों की भेंट चढ़ चुके हैं। मगर पहाड़ दर पहाड़ सिदो काला पहाड़ की तरह अडिग थे।

रात का वक्त था। मादल भी पहली बार चुपचाप था। संभवतः उसके भी स्वर सिदो की तरह अवरुद्ध थे। हजारों शहीद साथियों की याद सिदो को विशेष मथने लगी आज। वे इस बात को अच्छी तरह समझ रहे हैं कि अँग्रेज हुक्मरानों ने अभी जो भी किया है वह युद्ध नहीं, जन-हत्या है। अँग्रेज सेनापति ने भी खुद इस बात को स्वीकार किया है कि संताली इतने मानवीय हैं कि उन्होंने कभी विष बुझे तीरों का प्रयोग नहीं किया। सबकुछ नाच रहा है सिदो की आँखों के सामने। आत्मसमर्पण किसे कहते हैं,

संताल बिल्कुल नहीं जानते। जब भी लड़ाई की मादल बजी, संताल खड़े-खड़े लड़ते और अँग्रेजों की गोलियाँ खा-खाकर मरते जाते। ढोल की आवाज बंद होती, तभी पीछे की ओर हटते और तब अंग्रेज उन पर गोलियों की बौछार कर देते।

भागलपुर पराजय के बाद लगातार टूटते गए सिदो।

उन्होंने एक गाँव को घेर लिया था। मजिस्ट्रेट ने आवाज लगायी, "तुम लोग तीर-धनुष फेंककर सामने आ जाओ। हम तुम्हें माफ कर देंगे।"

अँग्रेज उनके आत्मसमर्पण की देर तक प्रतीक्षा करते रहे। एक आदमी भी उनके सामने नहीं आया। उल्टे एक घर के दरवाजे से तीरों की बरसात शुरू हो गयी। फिर अँग्रेजों ने उस घर की दीवार में बड़ा-सा छेद कर दिया। मजिस्ट्रेट कड़का, "आत्मसमर्पण कर दो, अन्यथा फिर से गोलियाँ बरसेंगी?"

कुछ मिनटों तक गहन चुप्पी।

फिर इसका उत्तर संतालों ने तीरों से दिया।

धीरे-धीरे तीरों का आना बंद हुआ। दरवाजा तोड़कर अँग्रेज अंदर घुसे। चारों तरफ लाशें पसरी थीं। सिर्फ एक संताल बचा रह गया था। वह भी खून से लदफद। मगर उसके एक हाथ में धनुष ऊपर की ओर उठा था। एक सिपाही ने आवाज दी, "धनुष नीचे रख दो?"

उस बूढ़े ने दूसरे हाथ से फरसा उठा लिया और सिपाही के सिर पर दे मारा।

इस प्रकार सेना ने बड़ी निर्ममता के साथ संताल विद्रोह को दबा दिया। अदालत में दो सौ इक्यावन लोगों पर मामला चला। इनमें एक सौ इक्यावन संताल थे, बाकी डोम, धांगड़, भूइयां और ग्वाला जाति के लोग थे। छियालीस अभियुक्त नौ-दस वर्ष के बच्चे थे, बच्चों को बेंत लगाने की सजा मिली। बाकी को सात साल से लेकर चौदह साल तक की कड़ी सजा।

सिदो इस पराजय को सहन नहीं कर सके। जंगल-जंगल भागते फिरे। एक देशद्रोही ने उनका पता बता दिया। सिदो पकड़ लिए गए और अँग्रेजों ने उन्हें फाँसी दे दी।

इस दुर्दांत घटना के बाद अँग्रेजी-हुकूमत को लगा था कि संताल-विद्रोह दब जाएगा। तब भी मादर के बोल और संतालियों का गरिमा-ज्ञान, आजादी और अस्मिता परिस्थितियों के अनुकूल सिदो के साथ जाग चुकी थी। जहाँ-तहाँ अँग्रेजी फौज के साथ उनकी लड़ाई चलती रही। कंपनी सरकार यह मानने लगी थी कि मार्शल लॉ से संतालों को दबाया नहीं जा सकता। भले उनमें राजनीतिक चेतना नहीं थी; परंतु सिदो ने दोस्त और दुश्मन की पहचान दी थी उस पहचान के अंतर्गत ब्रिटिश हुकूमत, जमींदार, सूदखोर-महाजनों को उन्होंने अपना दुश्मन मान लिया था। उत्पीड़ित वर्ग के साथ उनका मेल-जोल जारी रहा। 15 अगस्त 1855 में कंपनी सरकार ने एक घोषणा जारी की। उस घोषणा में कहा गया—"जान पड़ता है कुछ संतालों ने सरकार के विरुद्ध विद्रोह किया,

लूटपाट की, लोगों के प्राण लिए और फौज का सामना किया। फिर भी उनमें अधिकांश अपने अज्ञान और अपराध को महसूस करते हुए क्षमा चाहते हैं और पहले की तरह मिल-जुलकर रहना चाहते हैं। इसलिए घोषणा की जाती है कि सरकार प्रजा की भलाई चाहती है। अतः संताल पथभ्रान्त होने के बावजूद हाकिमों और अधिकारियों के समक्ष दस दिनों के भीतर आत्मसमर्पण कर दें तो जाँच के बाद नेताओं को छोड़कर शेष को क्षमा प्रदान कर दी जाएगी।''

गोको नायक के होठ गुस्से से फड़फड़ाते हैं—''मेरे जवान बेटे-बेटियो! मैंने अपने संताल नायक सिदो के समय में कहा था, यह लड़ाई बड़ी लंबी है रे! भले यह कंपनी हुकूमत मिट जाय, तब भी संतालों की आजादी की लड़ाई जारी रहेगी। सौ साल, दो सौ-तीन सौ साल लग जाएँ, और दोबारा, तिबारा फिर कोई जन्म ले सिदो। मरांग बरु के आदेश का पालन करते रहेंगे संताली।''

सुकेल, तुरिया, किरता, भादू और सुन्नो माँझी की बाँहें फड़फड़ाती हैं। सुकेल ने कहा, ''गोको बा, हमारी यह समझ है कि हुकूमत कमजोर पड़ गयी है। हम इस लड़ाई को जारी रखेंगे। हम भले संताल नायक सिदो की तरह फाँसी पर झूल जायँ, मगर संताल जातियाँ अंतिम लड़ाई तक जीवित रहेंगी।''

रात्रि का सन्नाटा था, श्मशान जैसा पूरा सन्नाटा। काले पहाड़ की स्तब्ध और गमजादा चुप्पियों से उनके भीतर कहीं से दहशत नहीं थी। तीर-धनुष ताने उस वक्त निकल पड़े बचे-खुचे सेनानी। अँग्रेजी घोषणा उनके सामने बेअसर थी।

आखिरकार सरकार ने पूरे संताल परगने में 14 नवंबर 1855 को मार्शल लॉ लागू कर दिया। पच्चीस हजार के आसपास अंग्रेजी फौज संताल परगने में बिछ गयी। संताल विद्रोह के पहले संताल परगना नाम का कोई जिला नहीं था। यह जंगल-तराई का था—एक भरा-पूरा झारखंड। उसी साल कानून बनाकर संताल परगना का निर्माण कर दिया गया। प्रशासन ने इस जनपद के विशेष कानून बनाए, जो कानून देश के कानून से एकदम भिन्न थे। इसी के बल पर संताल-विद्रोह दबा दिए गए। अँग्रेजी हुकूमत लहराती-बलखाती शक्तिशाली होती चली गयी। तब भी अभी तक सिदो-कान्हु की आवाज हर संताली के मानस में जीवित रही है। मादल की थाप पर आज भी सुनाई पड़ते हैं अनहद नाद—

सिदो-कान्हु खुड़खुड़ी मितोरे
चाँद-भैरो, घोड़ा चुपोरे
देखो रे, चाँद रे, भैरो रे
घोड़ा भैरो मुलिने-मुलिने।

❑❑